Tesoro nascosto del sentiero profondo

Commentario testuale alle pratiche preliminari del Kalachakra

༄༅། །རབ་ལམ་སྔོན་འགྲོའི་ཆེག་འགྱེལ་སྦོན་མེད་རབ་གསལ་སྣང་བ།

di Shar Khentrul Jamphel Lodrö

༄ར་མཁན་སྤྲུལ་རིན་པོ་ཆེ་འཇམ་དཔལ་བློ་གྲོས

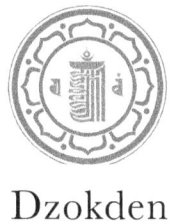

Dzokden

Copyright © 2021 Dzokden

Questo libro è una traduzione del libro originale inglese pubblicato dal Tibetan Buddhist Rime Institute 2016.

Tutti i diritti sono riservati. Nessuna parte di questo libro può essere riprodotta elettronicamente o mediante altri mezzi, incluse fotocopie, registrazioni o qualsiasi sistema di archiviazione, senza il permesso scritto dell'editore.

PRIMA EDIZIONE
ISBN: 978-1-7373482-0-7 (tascabile)
ISBN: 978-1-7349115-9-6 (e-book)

Pubblicato da:
DZOKDEN

Questo libro è stato tradotto dai volontari di Dzokden. Siamo incredibilmente grati ad Alex Bianchi (traduttore) e Brunella Petriccioni (correttore bozze), che hanno lavorato a una precedente versione non pubblicata di questo libro, senza i cui sforzi questo libro non sarebbe stato possibile. Ringraziamo sentitamente Daniele De Val (traduttore) e Fabio Pariotti (correttore bozze) per l'aggiornamento e la preparazione di questa versione del libro per la pubblicazione.

Per ulteriori informazioni sulle attività in programma e sul materiale disponibile oppure se desiderate fare una donazione per sostenere il nostro progetto contattate:

Dzokden
3436 Divisadero Street
San Francisco, California 94123
Stati Uniti d'America
www.dzokden.org

DATI DI PUBBLICAZIONE DELLA BIBLIOTECA DEL CONGRESSO
Nome: Shar Khentrul Jamphel Lodrö, autore.
Identificativo: 2021911488

ཕྱི་དབྱིངས་འཁོར་འདས་དངས་མའི་གྲོང་ཁྱེར་བྱེ་བ་དགུ་བཅུའི་ཤམྦྷ་ལ། །

ནང་དབྱིངས་རྡུག་བརྒྱ་མོ་རྡུག་ལྔ་ཡི་དཀྱིལ་འཁོར་སྟོང་གཟུགས་ལོངས་སྐུའི་ཞིང་། །

གཞི་དབྱིངས་རྣམ་པ་ཀུན་ལྡན་ཆ་མེད་འཁོར་འདས་ཀུན་ཁྱབ་ཆོས་སྐུའི་དབྱིངས། །

མཐོན་བྱེད་ཟབ་ལམ་ཐུག་གཅིག་རྡོ་རྗེའི་རྣལ་འབྱོར་དང་བཅས་ཕྱག་གིས་མཆོད། །

ཐབ་དོན་ཤེས་པ་མིན་ཡང་འདུན་པ་ཡིས། །

ཐབ་མོའི་དོན་ལ་འཇུག་པའི་རིམ་པ་ཚམ། །

བོ་སླ་ཤེས་ཐབས་ཆེག་གིས་འདྲི་སློན་གྱིས། །

བྱེས་པའི་དག་བ་བསྟེན་ལ་ཞོངས་པ་ཅེ། །

ཕྱི་རིག་དུས་ཀྱི་འཁོར་ལོ་འཇར་སྐྱོང་བྱེ་བ་ཕྲག་བཅུའི་ཞིང་། །

ནང་རིག་དུས་ཀྱི་འཁོར་ལོ་རྡོ་རྗེའི་རྩ་རླུང་ཐིག་ལེའི་ཁམས། །

གཞན་རིག་དུས་ཀྱི་འཁོར་ལོ་ཕྱགས་གསུང་སྐུ་ཡི་དཀྱིལ་འཁོར་གསུམ། །

དབྱེར་མེད་བར་དུ་རྟོགས་ལྡན་དམ་པའི་ཆེས་ལ་སློད་ཞུས་ཤོག །

Omaggio

Al mondo esterno, i 96 millioni di città di Shambhala,
che sono l'essenza del samsara e del nirvana;
al mondo interno, la dimora del sambhogakaya
del mandala di forma-vuota delle 636 divinità;
allo spazio essenziale, l'indivisibile regno del dharmakaya,
che possiede tutti gli aspetti e pervade totalmente il samsara e il nirvana;
con fede nei Vajra Yoga, il sentiero unico e profondo
capace di manifestare le realizzazioni, io rendo omaggio.

Pur non conoscendo i significati più reconditi,
che errore c'è nell'aspirazione a scrivere
parole di metodo e saggezza, per facilitare la comprensione
degli stadi che permettono l'accesso a questo profondo significato.

Consapevolezza esteriore di Kalachakra,
i miliardi di mondi in questo universo;
consapevolezza interiore di Kalachakra,
il mondo Vajra di canali, venti ed essenze;
consapevolezza illuminata di Kalachakra,
i tre mandala di mente, parola e corpo.
Fino a quando non saranno inseparabili,
possiamo noi gioire del santo Dharma dell'Età dell'Oro.

— *Buddha Shakyamuni* —
Il maestro supremo del tantra di Kalachakra

Introduzione

Questo libro è un commentario al testo radice di Jetsun Taranatha: "*La Scala Divina: pratiche preliminari e principali del profondo Vajrayoga di Kalachakra*" scritto originariamente nel diciassettesimo secolo. Innumerevoli praticanti della scuola Jonang hanno usato per secoli *La Scala Divina* per conseguire le realizzazioni del percorso del Kalachakra. Si tratta di un conciso manuale che racchiude tutte le istruzioni essenziali della tradizione così come questa veniva praticata in India e in Tibet.

In questo periodo di grande tensione e conflitti si dice che la pratica di Kalachakra sia particolarmente efficace. Trattandosi di insegnamenti che provengono dal regno spirituale di Shambhala sono profondamente connessi con lo sviluppo della pace e dell'armonia; sono molto rari in questo mondo e non è facile venirne a contatto, specialmente in un idioma a noi comprensibile. Benché molti abbiano ricevuto le iniziazioni di Kalachakra da grandi maestri come Sua Santità il Dalai Lama, sono molto scarsi i testi che ne illustrano la pratica, per cui spero possiate apprezzare la rarità ed il valore di questo libro.

Il manuale di pratica di Taranatha si intitola "La Scala Divina" perché presenta il profondo percorso verso l'illuminazione del Kalachakra seguendo un processo graduale, passo passo. Include tutte le pratiche preliminari che conducono a quelle dello stadio di completamento del Kalachakra conosciuto come i *Sei Vajra Yoga*. Con questi metodi straordinari è possibile raggiungere la completa illuminazione in una sola vita umana.

Originariamente il Buddha impartì le istruzioni per queste pratiche ai re del Dharma di Shambhala dove furono preservate fino alla loro introduzione in India nel decimo secolo e, subito dopo, in Tibet. I Sei Vajra Yoga costituiscono la pratica principale del percorso del Kalachakra e, per essere qualificati a praticarli, si devono completare, in primo luogo, le *pratiche preliminari* (ngöndro).

L'obiettivo del percorso del Kalachakra consiste nel portare alla luce la verità illuminata della nostra realtà, conosciuta anche come natura di Buddha, che al momento è celata alla nostra esperienza come un tesoro sepolto in profondità o un gioiello coperto da innumerevoli strati di sporcizia. Il percorso si propone di facilitare il graduale processo di rimozione degli oscuramenti mentali che ci impediscono di sperimentare questa natura primordiale.

Adesso le nostre menti sono infarcite di ogni tipo di concetto e di nozione dualista capace di stravolgere le nostre percezioni, limitando la nostra capacità. Tutto ciò di cui facciamo esperienza è filtrato attraverso le lenti di stati mentali afflittivi quali l'orgoglio, l'aggressività e l'ignoranza. Attraverso un percorso buddhista come il Kalachakra e con l'aiuto di una guida spirituale autentica saremo in grado di intraprendere una disciplina che ci permetterà di rimuovere gradualmente queste fissazioni. Inizialmente ciò implica stabilire una base etica nella nostra vita, sviluppando qualità interiori come disciplina, bontà e saggezza. Quanto più acquisiamo familiarità con queste qualità tanto più i veli degli oscuramenti inizieranno a dissolversi, permettendoci di intravedere la nostra natura fondamentale. Più praticheremo e più gli oscuramenti si ridurranno e la nostra esperienza della natura di Buddha aumenterà. Ciò che comincia come una semplice goccia diventerà un vasto oceano. Una volta rimosso ogni oscuramento avrete raggiunto l'illuminazione.

Una panoramica di questo libro

La Scala Divina si divide in quattro parti principali: le prime tre vertono sulle pratiche preliminari che vengono svolte prima di intraprendere la pratica principale dei Vajra Yoga. L'ultima parte presenta alcune pratiche supplementari atte a potenziare la connessione con le benedizioni dei due maestri principali del lignaggio della tradizione Jonang.

Parte prima: i preliminari esterni e l'invocazione del lignaggio
Si inizia con i preliminari esterni che si focalizzano su quelle che sono

chiamate le *quattro certezze della rinuncia*. Si tratta di quattro contemplazioni che ci ispirano a praticare il Dharma con grande determinazione ed un profondo senso di urgenza. A questo punto rivolgiamo preghiere ai maestri realizzati del *lignaggio del Vajra Yoga* per ricevere ispirazione dalla trasmissione ininterrotta degli insegnamenti del Kalachakra.

Parte seconda: i preliminari interni

Prima di intraprendere la pratica dei tantra buddhisti è di importanza fondamentale stabilire le qualità necessarie a supportare le tecniche più avanzate. Tali pratiche costituiscono una base comune per ogni sistema di Supremo Yoga Tantra come il Kalachakra. Tradizionalmente in Tibet vengono praticate intensamente per un certo periodo di tempo in modo da acquisire dimestichezza con esse. Queste includono:

1. *Prendere rifugio e fare prostrazioni* per assicurarci di procedere nella giusta direzione e di poter fare affidamento su valide fonti di protezione.
2. *Coltivare bodhicitta* per stabilire una salda motivazione per raggiungere l'illuminazione a beneficio di tutti gli esseri senzienti.
3. *Purificazione di Vajrasattva* per dissipare le propensioni negative dalle nostre menti.
4. *Offerta del mandala* per accumulare grandi quantità di meriti necessari ad ottenere le realizzazioni.
5. *Pratica del Guru Yoga* per connettere le nostre menti con le qualità illuminate del Buddha.

Se non sviluppiamo una intensa familiarità con queste cinque pratiche, non avremo le condizioni necessarie per dedicarci in modo autentico al tantra buddhista.

Parte terza: i preliminari unici del Kalachakra e la pratica principale

Una volta completati i preliminari comuni siamo pronti per quelli non comuni e specifici del sistema di pratica del Kalachakra. Si inizia con la pratica dello stadio di generazione del *Kalachakra Innato* in cui ci si visualizza nella forma illuminata di Kalachakra familiarizzandosi, in questo modo, con le proprie qualità illuminate. Mediante la pratica dello yoga della divinità impariamo a identificarci di più con la nostra natura pura invece che con la realtà distorta frutto dei nostri stati mentali afflittivi. Una volta sviluppata una certa dimestichezza con questa percezione pura possiamo passare alle pratiche profonde dello stadio di completamento del Kalachakra che forniscono dei mezzi abili molto efficaci per ottenere un'esperienza diretta della nostra natura illuminata, sradicando completamente ogni forma di oscuramento.

Parte quarta: due Guru Yoga aggiuntivi

La sezione finale del libro è dedicata a due pratiche alternative di Guru Yoga atte a rafforzare la nostra connessione con i maestri Jonang Kunkhyen Dolpopa e Jetsun Taranatha. Più di ogni altro maestro, questi due esseri illuminati costituiscono il cuore della tradizione Jonang e sono la fonte di incredibili benedizioni.

In questo libro mi propongo di offrire una panoramica concisa dei punti essenziali, soffermandomi brevemente sui temi che ritengo più utili per i praticanti occidentali. Il testo radice, a cui fa seguito un breve commento, viene riportato in corsivo. Il testo completo è incluso in un'appendice alla fine di questo libro. Se desiderate studiare una presentazione più esaustiva di queste pratiche vi consiglio di leggere la mia trilogia di libri *Svela la tua sacra verità attraverso il sentiero del Kalachakra*, una collezione di tre volumi che fornisce informazioni dettagliate sulla filosofia buddhista alla base di tutte queste pratiche.

* * *

Durante la lettura del testo dovreste cercare di evitare i tre difetti di un vaso: in primo luogo evitate di essere come un *vaso capovolto* o una persona di mentalità ristretta, impermeabile agli insegnamenti. Poi evitate di essere come *un vaso bucato sul fondo* perché non riterrete molto di quello che avrete letto. Infine evitate di essere come un *vaso pieno di veleno* ovvero non lasciate che supposizioni e preconcetti stravolgano la vostra comprensione dei contenuti.

Cercate invece di applicare le tre saggezze. Sviluppate la *saggezza dello studio* rileggendo il testo varie volte. Sviluppate la *saggezza della contemplazione* riflettendo sul significato delle parole da molteplici punti di vista e sviluppate la *saggezza della meditazione* ancorando la vostra comprensione nell'esperienza di una pratica effettiva del testo radice. In questo modo, studiando, contemplando e meditando con un'intenzione pura, spero davvero che arriverete gradualmente a scoprire la vostra sacra verità dell'illuminazione.

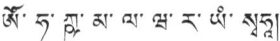

PARTE PRIMA

Preliminari esterni e invocazione del lignaggio

— *La ruota della vita* —
Una rappresentazione tradizionale del ciclo dell'esistenza

CAPITOLO 1
Le quattro certezze della rinuncia

Il percorso del Kalachakra verso l'illuminazione inizia con una profonda contemplazione su quattro temi conosciuti come le *quattro certezze della rinuncia* o i *quattro pensieri che dirigono la mente verso il Dharma*. In primo luogo riflettiamo sull'opportunità offerta da una preziosa vita umana di dedicarsi a una pratica spirituale. Poi ponderiamo l'impermanenza delle cose, specialmente la certezza della nostra morte e l'incertezza del momento in cui questa avverrà. La terza riflessione si concentra sulla natura fondamentale dell'insoddisfazione che pervade la vita presente e quelle future e ci porta ad allontanarci da tutto ciò che sfocia nella sofferenza (includendo anche la cosiddetta felicità ordinaria). Infine contempliamo gli insegnamenti del Buddha sul karma che ci fanno comprendere la nostra diretta responsabilità di ciò che ci accade, nel bene e nel male, in questa vita e in quelle future, aprendo così la porta alla possibilità di seguire un sentiero verso la liberazione.

Benché tutti questi argomenti siano stati affrontati in grande dettaglio nel primo volume della trilogia *Svela la tua sacra verità*, qui ci si propone di condensare il loro significato in un unico verso:

Oh pensa! Dopo infiniti eoni, ora ho ottenuto questa preziosa rinascita umana, che è molto difficile da conseguire ed è così facile da perdere. Il momento della morte è incerto e le condizioni che conducono ad essa vanno al di là della mia comprensione, questo amato corpo può morire anche oggi stesso! Così abbandonerò tutte le preoccupazioni mondane che mi tengono incatenato al samsara, incluse le non-virtù e i crimini nefandi. Invece userò il poco tempo che mi rimane in maniera saggia e praticherò il Dharma con urgenza, riflettendo sui benefici della liberazione.

TESORO NASCOSTO

Secondo gli insegnamenti del Buddha siamo tutti parte di un ciclo costante di sofferenza e incertezza che comprende i processi di nascita, invecchiamento, morte e rinascita. A causa della nostra visione limitata crediamo di avere il controllo ma, al contrario, ogni momento della nostra esperienza è dominato dalle propensioni karmiche che abbiamo accumulato, inclusi i nostri stati emozionali e i loro oggetti. Per questo motivo viviamo in uno stato di angoscia e di incertezza, ignari di cosa accadrà, legati a sentimenti di speranza, timore ed altre emozioni che ci controllano. Persino un delizioso gelato è fonte potenziale di insoddisfazione quando si scioglie e macchia i nostri vestiti; può anche diventare oggetto di repulsione o farci star male se ne mangiamo troppo. Quanto detto costituisce quella che viene chiamata la sofferenza fondamentale o la natura insoddisfacente della vita e conduce ad un processo chiamato esistenza ciclica o, in sanscrito, "samsara". Questo processo ci condanna a sperimentare il dolore e la sofferenza in modo continuo ed è paragonabile al movimento della ruota di un mulino ad acqua o ad una mosca intrappolata in un barattolo di vetro.

Il ciclo del samsara non ha inizio e può essere superato soltanto quando eliminiamo la nostra ignoranza riguardo alla vera natura della realtà. Tale ignoranza si riferisce al fatto che ci attacchiamo ad una idea distorta di noi stessi, ci consideriamo "reali" e "in controllo" quando in verità la natura della realtà è impermanente e non c'è una "persona" che esista realmente e che sia capace di controllare tutto. Non appena abbandoniamo l'idea dell'esistenza di un sé concreto, si sgretola il fondamento in base al quale le nostre emozioni e il karma continuano ad influenzarci di momento in momento e di vita in vita senza che noi abbiamo alcuna possibilità di scelta. Affrancarsi da questo ciclo è esattamente ciò che si intende con la parola "liberazione".

In qualità di esseri umani abbiamo la stupefacente capacità di comprendere la natura della nostra sofferenza. Sulla base di questa realizzazione una preziosa vita umana ci offrirà l'opportunità di praticare il Dharma in modo puro e, successivamente, di raggiungere la liberazione. A condizione di possedere l'insieme unico delle otto libertà e delle dieci ricchezze, avremo la possibilità di seguire il cammino del Buddha. Queste otto libertà e dieci ricchezze includono alcune condizioni esterne, come ad esempio nascere in un luogo ove gli insegnamenti del Buddha sono accessibili e alcune condizioni interne, che riguardano principalmente il possedere una disposizione mentale favorevole.

Tuttavia queste condizioni sono molto difficili da ottenere poiché dipendono da una grande quantità di meriti accumulati nel corso di molte vite per mezzo di azioni virtuose quali mantenere una disciplina etica pura. Per illustrare la rarità di questa nascita umana il Buddha narrò la storia di una tartaruga cieca che viveva nei fondali oceanici e che veniva in superficie soltanto una volta ogni secolo: la possibilità di nascere in una forma umana è più rara di quanto lo sia che questa tartaruga emerga in superficie nel momento esatto affinché la sua testa passi attraverso un anello di legno che galleggia sulle onde. Ottenere anche tutte le otto libertà e le dieci ricchezze è ancora più difficile.

Ora che abbiamo ottenuto questa preziosa rinascita umana è di vitale importanza sfruttarla non solo in modo saggio, ma con urgenza poiché è molto facile perderla. In verità è così rara che questa potrebbe essere la nostra unica opportunità di raggiungere la liberazione. Il lasso di tempo a nostra disposizione in questa vita per praticare il Dharma è estremamente imprevedibile dato che il momento della morte è incerto e le sue condizioni trascendono la nostra comprensione. Persino le attività quotidiane come andare al lavoro, dedicarsi al giardinaggio o fare la spesa possono essere delle potenziali cause di morte. Le persone si domandano di rado se moriranno quel giorno stesso oppure se riusciranno a vedere l'alba del nuovo giorno. Per questo motivo dobbiamo abbandonare tutte le preoccupazioni mondane che sono fonti di sofferenza e ci tengono incatenati al samsara. Vi sono *otto Dharma mondani* che di solito cerchiamo di ottenere o di evitare: (1) guadagno e (2) perdita; (3) piacere e (4) dolore; (5) ricevere attenzione e (6) essere ignorati; (7) lode e (8) critica. Invece di essere fuorviati da queste preoccupazioni mondane dovremmo impiegare il nostro tempo in modo saggio dando priorità alla pratica del Dharma.

In generale vi sono d*ieci azioni non virtuose* che dovremmo impegnarci ad evitare. Tre riguardano il corpo: (1) uccidere; (2) prendere quello che non ci viene dato apertamente e (3) avere una condotta sessuale inappropriata. Quattro riguardano la parola: (4) ingannare gli altri mentendo o usando parole fuorvianti; (5) calunniare provocando discordia tra le persone; (6) parlare con durezza provocando dispiacere agli altri senza motivo e (7) perdersi in chiacchiere inutili senza uno scopo perdendo solo del tempo. Le ultime riguardano la mente: (8) la cupidigia che brama i beni altrui; (9) la cattiveria che desidera la sofferenza degli esseri senzienti e (10) avere punti di vista erronei che fraintendono la vera natura delle cose come, ad esempio, credere nell'esistenza di quello che non esiste, negare l'esistenza di ciò che esiste e così via. Ognuna di queste azioni implica arrecare un danno agli altri mediante il corpo o la parola oppure generare una mente che porta ad eseguire tali azioni. Pertanto l'essenza di questa condotta è vivere nella non violenza.

Esistono anche diversi gruppi di azioni negative che causano conseguenze karmiche particolarmente pesanti e che, per questo motivo, andrebbero abbandonate del tutto. Il primo gruppo è conosciuto come *gli otto comportamenti scorretti*: (1) interrompere i banchetti di offerta dei fedeli, ostacolando così la loro accumulazione di virtù; (2) disturbare le intenzioni virtuose altrui, arrecando così danno alla loro mente; (3) non avere fede nella virtù e disprezzarla; (4) aspirare alla non-virtù e gioire di ciò; (5) abbandonare il vincolo del samaya con il Guru; (6) scoraggiare il desiderio degli amici di Dharma di liberarsi dal samsara; (7) violare i vincoli dei samaya con l'yidam e (8) abbandonare un ritiro e la pratica del mandala. L'essenza dei precetti collegati con questo gruppo di azioni negative è quella di non allontanarsi dai supporti che favoriscono il raggiungimento dell'illuminazione.

Il secondo gruppo è conosciuto come le *quattro pesanti non-virtù*: (1) votarsi ad un comportamento disumano; (2) permettere alla disciplina dello shravaka di degenerare e quindi di infrangere i voti radice del pratimoksha; (3) permettere alla disciplina del bodhisattva di degenerare e quindi rompere i voti radice del bodhisattva e (4) permettere al samaya tantrico di degenerare infrangendo così i voti tantrici radice. Osservare i precetti collegati con questo gruppo di azioni consiste essenzialmente nel mantenere la disciplina etica dei Tre Voti.

Un'altra versione di queste quattro azioni si concentra sulla maniera in cui affrontare alcune situazioni karmiche molto importanti: (1) assumere in modo inappropriato la pratica dell'ordinazione; (2) elaborare in maniera inappropriata i pensieri degli eruditi; (3) consumare in maniera inappropriata il cibo dei fedeli e (4) usare in modo inappropriato le proprietà dei praticanti tantrici. Ognuna di queste azioni negative è pesante nel senso che gli atti a loro connessi produrranno un forte impatto nella vostra mente. In queste quattro situazioni è molto importante fare attenzione ad evitare di generare un pesante karma negativo.

Infine ci sono i *cinque crimini nefandi o crimini a retribuzione immediata*: (1) uccidere il proprio padre; (2) uccidere la propria madre; (3) uccidere un arhat; (4) far sanguinare un Tathagata avendo l'intenzione di causargli danno e (5) causare un scisma nel Sangha. Queste azioni producono un karma negativo così potente da dominare la vostra mente nel momento della morte generando estremo dolore e tormento nella prossima rinascita, pertanto vanno evitate a tutti i costi.

Invece di dedicarci a queste cause produttrici di sofferenza dovremmo intraprendere la pratica di azioni virtuose quali proteggere la vita, essere generosi, usare parole veritiere e gentili e coltivare qualità mentali virtuose come la compassione, l'umiltà ed una visione saggia della realtà. Quanto detto non ha niente a che fare col sentirsi in colpa o essere rigidi nella propria maniera di agire, serve bensì a sviluppare fiducia in quali siano le azioni benefiche per noi stessi e per gli altri. Con il tempo e l'esperienza la nostra fede in questa legge naturale del karma crescerà.

Se domani morissimo senza aver sviluppato le nostre qualità spirituali perpetueremmo senza libertà questo ciclo infinito di nascita, invecchiamento, malattia e morte. Nel poco tempo a nostra disposizione, avendo riflettuto profondamente sui benefici della liberazione, dobbiamo praticare il Dharma con urgenza, perseveranza e grande disciplina in modo da raggiungere la libertà ultima dell'illuminazione.

La funzione veramente importante di queste quattro contemplazioni è quella di far nascere in noi un senso di disillusione del samsara; ci rendiamo conto della futilità di questa vita e aspiriamo ad "emergere" fuori da questo schema con una forte determinazione. Fortunatamente, benché siamo consapevoli del dolore e della sofferenza del samsara, vediamo anche una via d'uscita e questo fa nascere in noi un grande senso di speranza nella possibilità di raggiungere la liberazione e un desiderio di trasmettere questa speranza agli altri.

Inoltre questi quattro pensieri ci ricordano che, di tutte le cose che possiamo fare nella nostra vita, la pratica del Dharma in maniera autentica e sincera è davvero l'attività più importante e benefica. Sebbene a volte ci sembri di stare nuotando controcorrente poiché facciamo qualcosa che gli altri ritengono strano o inutile, abbiamo fiducia nel profondo obiettivo che sta dietro alle nostre azioni.

Espellere l'aria viziata

Dopo aver contemplato le quattro convinzioni, ora possiamo prepararci alle pratiche successive con questo semplice esercizio di respirazione:

Per prima cosa chiudete la narice sinistra usando il mudra della pacificazione ed espirate per tre volte dalla narice destra, poi fate lo stesso con l'altra narice. Concludete espirando per tre volte attraverso tutte e due le narici. Visualizzate le afflizioni e le negatività che escono dal vostro corpo sotto forma di fumo nero.

Questa tecnica è chiamata *espellere l'aria viziata*. Durante la sua esecuzione si visualizza che tutte le nostre impurità vengono espulse con forza dalle narici sotto forma di fumo nero, in modo da poter iniziare la pratica con una mente chiara.

Ciò contribuisce a rimuovere correnti energetiche controproducenti che sono associate con il respiro e che portano impronte di stati mentali afflittivi quali l'attaccamento, l'avversione e l'ignoranza. Una versione semplice di questa pratica consiste nel fare tre respiri profondi inalando ogni volta fino alla bocca dello stomaco, trattenendo il respiro per un po' e poi espirando con forza dalle narici mentre si visualizza che tutte le energie impure come la lussuria e l'odio escono dalla nostra mente e dal nostro corpo.

Una versione più elaborata consiste in tre cicli di espirazioni per un totale di nove espirazioni:

1. Iniziate piegando il dito medio, l'anulare ed il pollice della mano sinistra verso il palmo. Il mignolo e l'indice saranno le uniche dita a rimanere estese; questo è conosciuto come il "mudra della pacificazione". Con un movimento fluido ed elegante portate l'indice sinistro verso la narice sinistra, inalate profondamente ma lentamente dalla bocca, chiudete la narice sinistra con l'indice sinistro e rilasciate l'aria dalla narice destra in tre successive lunghe espirazioni.
2. Riportate la mano sinistra in una posizione naturale nel vostro grembo e, con lo stesso movimento elegante di prima, portate l'indice destro verso la narice destra. Dopo aver inspirato chiudete la narice destra e rilasciate l'aria dalla sinistra in tre successive lunghe espirazioni.
3. Infine riportate le mani in una posizione naturale nel grembo, inalate profondamente dalle due narici e rilasciate l'aria da entrambe le narici in tre successive lunghe espirazioni.

— *Kunpang Thukje Tsondru* —
Grande maestro del Kalachakra fondatore del Ritiro della Montagna Jonang

CAPITOLO 2

Breve invocazione dei maestri del lignaggio Jonang

Dopo aver recitato e riflettuto sulle *quattro certezze della rinuncia* invocherete otto lama importanti, i responsabili della fondazione e della costituzione delle grandi istituzioni monastiche della tradizione Jonang. Il termine lignaggio si riferisce agli insegnamenti trasmessi in una successione ininterrotta a partire dal Buddha fino ai giorni nostri e lo si considera autentico se si fonda sull'esperienza reale o sulla realizzazione della verità di quegli insegnamenti. Tale conoscenza esperienziale è tramandata da maestro a studente per molte generazioni in concomitanza con la trasmissione di commentari o scritture autentici basati sulle parole del Buddha.

Senza aver instaurato una connessione stabile con un lignaggio autentico non saremo in grado di realizzare la meta finale della completa illuminazione. Ma se seguiremo gli insegnamenti che un tale lignaggio tramanda, sarà possibile progredire gradualmente lungo il cammino raggiungendo così il traguardo finale della Buddhità.

Nell'ambito scientifico siamo consapevoli del valore attribuito alle conoscenze frutto delle ricerche precedentemente svolte in un determinato campo. Senza quell'insieme di conoscenze è molto difficile approdare a nuove scoperte. Allo stesso modo un lignaggio spirituale rappresenta la continuità delle scoperte fatte da grandi praticanti spirituali che possiamo utilizzare per replicare le loro esperienze.

Il lignaggio degli insegnamenti del Kalachakra ebbe inizio quando Suchandra, il re di Shambhala, richiese quegli insegnamenti al Buddha Shakyamuni. Suchandra e i suoi successori preservarono questo lignaggio a Shambhala per molti secoli prima di trasmetterlo in India nel decimo secolo. Dopo alcune centinaia di anni gli insegnamenti si diffusero in Tibet dove furono principalmente conservati dai solerti praticanti della tradizione Jonang. All'interno di questa tradizione le due figure più importanti furono l'Onnisciente Dolpopa Sherab Gyaltsen e l'Eccelso Signore Taranatha. Questi due maestri ineguagliabili ottennero grandi realizzazioni spirituali, composero numerosi testi influenti e furono i responsabili della costituzione dello straordinario curriculum di studi e di pratica che viene utilizzato fino ad oggi nei monasteri Jonang.

Invocazione dei maestri Jonang

Invocare un lignaggio significa stabilire una connessione con l'influenza spirituale dei grandi maestri del passato e con l'onnisciente Buddha, la fonte primigenia di quel lignaggio. Questi maestri dedicarono le proprie vite a raggiungere l'illuminazione e a preservare i preziosi insegnamenti del Kalachakra. Per questo motivo se li richiamiamo alla mente stabiliamo un legame con le loro aspirazioni senza tempo e, avendo un'intenzione sufficientemente pura, sarà possibile sentire davvero la loro presenza e ricevere la loro guida.

In ultima analisi non stiamo invocando qualcosa di esterno a noi stessi poiché questi maestri non sono altro che una magica manifestazione della nostra natura illuminata e pertanto, ricordandoci di quello che questi grandi esseri hanno ottenuto, ci ricorderemo del nostro potenziale di manifestare le stesse qualità.

Alcuni praticanti non recitano questa breve invocazione in quanto molti degli otto lama qui menzionati sono inclusi anche nella preghiera lunga del lignaggio che viene dopo, per cui, se il tempo a disposizione è limitato, potete scegliere di passare direttamente all'invocazione lunga del lignaggio.

Il Lama radice

> *Glorioso e prezioso Lama radice, avendo preso posto sul loto della devozione alla sommità del mio capo, benedicimi con la tua grande com-*

passione, prenditi cura di me con la tua grande gentilezza e concedimi le realizzazioni (siddhi) del tuo corpo, parola e mente!

Iniziate invocando il vostro glorioso e prezioso Lama radice, "Palden Lama" in tibetano. *Palden* significa "colui che possiede gloria o ricchezza". *Lama* è un vocabolo tibetano che corrisponde al termine sanscrito *guru*, la cui traduzione letterale è "pesante" o pieno di buone qualità. In tibetano *la* significa "sopra" e *ma* "colui che possiede"; unendoli otteniamo la parola *lama* che vuol dire "colui che sta sopra." Benché in questo caso lama sia singolare, in tibetano non si fa distinzione tra singolare e plurale per cui, quando si parla di Lama radice, non ci si riferisce necessariamente a un solo maestro – si potrebbero avere uno, tre o anche più maestri radice che hanno avuto livelli diversi di importanza lungo il proprio cammino spirituale.

Ciò premesso, dopo una ricerca scrupolosa, potreste trovare un singolo maestro che vi sta particolarmente a cuore o che vi colpisce per la profondità della sua saggezza. In tal caso dovreste considerarlo come il vostro Lama radice e dovreste cogliere ogni opportunità per onorarlo e rispettarlo, essendo questa la relazione più importante che avrete nel corso di tutta la vostra vita.

Visualizzare il Lama seduto sul loto della devozione alla sommità del vostro capo simboleggia la sua importanza e la necessità di seguirne le istruzioni se desiderate accrescere il vostro sviluppo spirituale. Nella cultura asiatica e in particolare in quella tibetana, collocare se stessi in una posizione più bassa rispetto a un'altra persona è un segno di grande rispetto: questo è il motivo per cui visualizziamo il Lama sulla sommità del nostro capo. Questa è anche la ragione per cui i Lama si siedono in una posizione elevata quando impartiscono gli insegnamenti, in modo da ricordare agli studenti di mostrare grande rispetto nei confronti del maestro e del prezioso Dharma che sta trasmettendo.

Se la vostra aspirazione è quella di essere un praticante tantrico, quando state per addormentarvi, dovreste visualizzare il Lama nel centro del vostro cuore, seduto nel mezzo di un fiore di loto e, quando vi svegliate, immaginate che il Lama risalga lungo il vostro canale centrale per collocarsi sulla sommità del vostro capo durante tutta la giornata. In questo modo potrete stabilire una forte connessione con la sua presenza, sviluppando, allo stesso tempo, una grande fiducia nella vostra natura di Buddha di cui il Lama è la rappresentazione.

Pregare il Lama affinché ci benedica con la sua grande compassione e bontà è un modo per ricordarci che il Lama rappresenta il Buddha. In alcune tradizioni buddhiste il Lama è considerato come un istrutttore o un amico spirituale che percorre lo stesso cammino; nel buddhismo Vajrayana invece lo si considera l'incarnazione di tutti gli esseri illuminati. Si ritiene che se lo vediamo come un essere umano riceviamo le benedizioni di un essere umano, ma se lo vediamo come un Buddha riceviamo le benedizioni di un Buddha. Ricevere le benedizioni significa che le nostre buone qualità aumentano quale risultato della nostra fede e devozione – ciò deriva da noi stessi e non da una fonte esterna.

L'onore e la devozione che nutriamo nei confronti del Lama non si basano su una fede cieca o teistica, ma su una fede convinta e sicura. Questo vuol dire che abbiamo analizzato scrupolosamente, messo alla prova e acquisito fiducia negli insegnamenti del Buddha e ora siamo convinti delle buone qualità del Lama, specialmente della sua bontà e del suo desiderio di mostrarci il cammino verso l'illuminazione. Benché la bontà e la compassione dei Lama non siano del tutto uguali a quelle mostrate da una madre nei confronti del figlio, condurranno il discepolo, senza ombra di dubbio, al più grande beneficio possibile. Questa è la ragione per cui consideriamo sacri il loro corpo, parola e mente.

I *siddhi* conferiti dal Lama sono realizzazioni spirituali o poteri che si sviluppano mediante la pratica spirituale e possono essere "ordinari" o "supremi." I siddhi ordinari includono le abilità paranormali come la chiaroveggenza, mentre i siddhi supremi si riferiscono alle qualità dell'illuminazione.

Il testo continua con preghiere rivolte agli otto Lama principali della tradizione Jonang. Dobbiamo tenere a mente che, nell'usanza tibetana, i Lama hanno molti nomi differenti e, per questo motivo, nelle fasi successive della pratica alcuni dei Lama verranno menzionati con appellativi diversi.

Kunkyen Dolpopa Sherab Gyaltsen

Prego te, Dolpopa. Tu sei l'onnisciente Signore del Dharma, che comprende perfettamente i tre giri della ruota del Dharma e le quattro classi del tantra. Ti prego, mostra l'infallibile sentiero a tutti gli esseri!

Dolpopa Sherab Gyaltsen è una figura centrale nella tradizione Jonang. Lo si conosceva come *onnisciente* per la sua eccezionale erudizione e perché era un maestro di meditazione molto realizzato. La sua opera principale fu quella di costituire il sistema unificato della pratica Jonang che riunì il lignaggio dei sutra dello Zhentong Madhyamaka con quello tantrico del tantra di Kalachakra. Dolpopa nacque nel 1292 in una regione remota del Tibet occidentale e la sua nascita fu profetizzata da molti sutra e tantra, come ad esempio *il Sutra del grande tamburo*. Si crede comunemente che fosse una emanazione del bodhisattva Avalokiteshvara e del re di Shambhala Pundarika.

Essendo stato inizialmente istruito in un monastero Sakya quale monaco puro e di perfetta condotta morale, Dolpopa andava spesso a visitare i monasteri limitrofi per ricevere insegnamenti e meditare. All'età di 30 anni si recò nella valle di Jomonang per andare a visitare il *Ritiro della montagna Jonang*. Le realizzazioni dei praticanti Jonang lo impressionarono così tanto da indurlo a rinunciare alla sua prestigiosa posizione di abate Sakya per stabilirsi a Jomonang e diventare un meditatore.

Dolpopa trascorse gran parte della sua vita in ritiro ottenendo le realizzazioni dei primi quattro Vajra Yoga e la padronanza completa dei primi tre. Fu in questo periodo che la visione Zhentong si manifestò in modo chiaro nella sua mente, rendendogli chiaro il significato definitivo degli insegnamenti finali del Buddha sulla natura di Buddha e mostrandogli come ogni insegnamento poteva essere compreso senza contraddizioni. Questa filosofia, che si basava in parte considerevole sui *Cinque grandi trattati di Maitreya,* diventerà la pietra angolare del programma di studi della tradizione Jonang, offrendo un metodo fondamentale per integrare la teoria e la pratica dei sutra e dei tantra. Proprio grazie ai brillanti scritti di Dolpopa la visione Zhentong acquistò importanza e molti iniziarono a considerarla l'apice del pensiero filosofico.

In qualità di quarto abate del monastero Jonang, Dolpopa viaggiò per tutta la regione dell'U-Tsang, impartendo insegnamenti, componendo testi e dibattendo con tutti gli eruditi più illustri di quel periodo. Durante la costruzione del Grande Stupa di Jonang, Dolpopa terminò il suo eccellente testo conosciuto come *La dottrina della Montagna*. Utilizzando una quantità straordinaria di citazioni attinte dalle scritture, smontò sistematicamente tutte le obiezioni che i suoi contemporanei avevano sollevato, dimostrando così la profonda verità dietro alla filosofia Zhentong. Si dice che in quel periodo non ci fosse nessuno nella provincia di U-Tsang che non annoverasse Dolpopa tra i suoi maestri più rispettati.

Nei suoi ultimi anni Dolpopa rinunciò alle responsabilità di abate e si dedicò alla meditazione e all'insegnamento. Con il passare del tempo le sue realizzazioni divennero più profonde e sottili, manifestandosi anche in capacità straordinarie come non aver più necessità di mangiare o bere. Ma quando consumava del cibo sembrava che non vi fosse limite a quanto era in grado di mangiare e, per quanto mangiasse, non produceva mai nessuna evacuazione in quanto tutto veniva consumato dal divampare del suo fuoco interno.

Nel 1361, dopo aver fatto rientro da un lungo viaggio a Lhasa, Dolpopa passò nel parinirvana nel mezzo di innumerevoli segni di buon auspicio. Benché il suo corpo fisico si sia dissolto molto tempo fa, la sua presenza spirituale permane fino ad oggi. Per questo motivo preghiamo affinché continui a mostrare il corretto sentiero a tutti gli esseri.

Kazhipa Rinchen Pal

Prego te, Kazhipa. Incarnazione delle attività di tutti i Buddha, manifestando i quattro poteri sublimi, tu fai sì che il prezioso gioiello del Dharma risplenda come il sole.

Kazhipa Rinchenpal (Ratnashri in sanscrito) nacque in una famiglia reale nella regione di Gyalrong nel Tibet orientale. Prima della sua venuta al mondo fu profetizzato che avrebbe chiarito il significato di numerosi tantra segreti, liberando molti esseri senzienti. Dopo aver sviluppato una solida base nel Dharma si recò nell'U-tsang, dove studiò con molti dei discepoli diretti di Dolpopa come Choklé Namgyal e Nyabön Kunga, ricevendo così gli insegnamenti completi dell'onnisciente maestro Jonangpa e diventando un detentore altamente realizzato del lignaggio. Quando tornò al suo luogo natio fondò il famoso *monastero Chojé* a Dzamthang e, successivamente, altri monasteri satelliti nelle regioni circostanti.

Secondo gli insegnamenti fondamentali del buddhismo, Buddha fu un principe indiano che rinunciò al mondo convenzionale per raggiungere l'illuminazione. Ma dal punto di vista del buddhismo Mahayana, Buddha era già illuminato e la sua vita semplicemente illustrava o esemplificava come seguire il cammino che egli insegnava. Allo stesso modo tutti i grandi maestri del mondo possono essere considerati esseri già illuminati i quali, indotti dalla loro grande compassione, si manifestano in una forma umana per guidare gli altri lungo il cammino. Ad esempio potremmo vedere il Dalai Lama come un essere illuminato, venuto nel nostro mondo per illustrare una vita di tolleranza e compassione vivendo come una guida spirituale e un "semplice monaco". È partendo da questa prospettiva che diciamo che i maestri come Khazipa sono *l'incarnazione di tutte le attività del Buddha*.

I *quattro poteri sublimi*, conosciuti anche come le *quattro attività di Buddha*, descrivono i molteplici metodi che i Buddha impiegano per beneficiare gli esseri nelle situazioni più svariate. Essi sono: (1) pacificare o creare pace; (2) espandere o accrescere le possibilità; (3) controllare le situazioni o le circostanze e (4) soggiogare o distruggere le negatività con una compassione irata.

Tséchu Rinchen Drakpa

Prego te, Rinchen Drakpa. Tu sei adorno degli insegnamenti del Dharma e di profonde realizzazioni, le tue attività sono sconfinate e ineguagliabili, chiunque ti veda o ti ascolti sicuramente sarà liberato!

Rinchen Drakpa (Ratnakirti in sanscrito) nacque nel 1462 e fu il discepolo più stretto di Gyalwa Chöje Khazhipa Rinchen Pal. Fu il responsabile della fondazione della seconda istituzione monastica principale nella regione di Dzamthang, il *monastero di Tséchu*. Era un erudito molto sapiente, stilò numerosi testi sulla pratica del Kalachakra e su svariati altri argomenti e per questo motivo viene descritto come *"adorno degli insegnamenti del Dharma"*. Sotto la guida esperta di Khazipa e Rinchen Drakpa la tradizione Jonang prosperò nelle regioni orientali del Tibet.

L'espressione *"chiunque ti veda o ti ascolti sicuramente sarà liberato!"* si riferisce alla connessione karmica che si crea incontrando un grande essere votato a condurre all'illuminazione tutti coloro in cui si imbatte. Il seme piantato per mezzo di questa connessione sicuramente maturerà dando, infine, un frutto di sommo beneficio.

Chojé Gyalwa Sangyé

Prego te, Gyalwa Sangye. Ordinato nel Dharma, la tua devozione verso i tuoi maestri è suprema e le tue azioni sono una gloriosa manifestazione di purezza, disciplina, saggezza e compassione.

Chöje Gyalwa Sangyé fu la prima reincarnazione di Ratnashri, il fondatore del monastero di Chöje. Nato con il nome di Rinchen Sangpo nella regione Zhakshöd di Gyalrong, la sua fama deriva dal fatto di aver trasmesso il Dharma a centinaia di praticanti-eruditi per poi inviarli a insegnare nelle regioni limitrofe. Si dice che Gyalwa Sangyé e i suoi studenti fondarono con successo più di 108 monasteri satelliti. Egli possedeva inoltre molte qualità illuminate quali una incredibile rinuncia, una eccezionale purezza dei suoi voti monastici, una ferrea disciplina che lo faceva evitare persino la minima trasgressione, una concentrazione impeccabile e una saggezza ineguagliabile. Per questi motivi fu un esempio brillante per tutti coloro che lo conobbero.

Jetsun Taranatha

Prego ai tuoi piedi, Kunga Nyngpo. Tu sei la fonte di tutto ciò che è buono, l'incarnazione di tutti i Buddha e l'unico rifugio per tutti gli esseri, che proteggi dal samsara e dal nirvana.

Kunga Nyingpo, conosciuto anche come Jetsun Taranatha o Drolway Gonpo, fu uno dei maestri più importanti del lignaggio Jonang. Visse dal 1575 al 1635 e si credette che fosse la reincarnazione del grande maestro Rimé, Jonang Kunga Drolchok. Studiando intensamente nel monastero Cholung Jangtse assimilò velocemente i cinque temi principali delle scritture Buddhiste e i tantra, ricevendo così la trasmissione di tutti i lignaggi del buddhismo Vajrayana.

Una delle sue opere più famose è la composizione di una storia del Dharma indiano, scritta sulla base dei ricordi di una sua vita precedente in cui era il mahasiddha indiano Drupchen Nakpopa. Questa storia del Dharma è considerata tutt'oggi autorevole ed è la fonte da cui attingono ancora numerosi accademici. Taranatha fondò anche il grande monastero Jonang di *Takten Damchö Ling* ove compose all'incirca quaranta volumi che spaziano su una grande varietà di argomenti. In particolare gli scritti come *L'essenza della vacuità-di-altro* furono importanti per chiarire alcuni aspetti della visione Zhentong, facendo così rivivere la filosofia originale di Dolpopa. Portò benefici agli esseri senzienti in molteplici maniere e fu osannato come un grande fregio degli insegnamenti definitivi del Buddha e la fonte di tutto ciò che è buono.

Come abbiamo visto, nella prospettiva del Vajrayana, tutti i grandi esseri sono manifestazioni dei Buddha la cui natura di saggezza è una. Possiamo quindi dire che Taranatha incarna tutti i Buddha ed è il solo rifugio di tutti gli esseri, che protegge dalla sofferenza e dal dolore del samsara ma anche dalla tentazione di cercare il nirvana, una versione limitata dell'illuminazione in cui il proprio flusso mentale viene "allontanato" dall'obiettivo più grande di liberare tutti gli esseri.

Chalongwa Ngawang Trinlé

Prego te, Chalongwa, albero del Dharma che esaudisce tutti i desideri. Le tue parole sbocciano come fiori e nuovi discepoli si deliziano nei tuoi insegnamenti come le api con il polline.

Chalongwa Ngawang Trinlé nacque nel 1657 e trascorse gran parte dei suoi anni giovanili studiando nel monastero Chalong di Tsang. In seguito divenne un discepolo molto stretto di Khidrup Lodrö Namgyal che fu il responsabile della fondazione del *monastero Tsangwa*, la terza grande istituzione monastica eretta a Dzamthang. Ngawang Trinlé, seguendo le orme del suo maestro, viaggiò verso le aree orientali ove trascorse molto tempo alla guida di un gran numero di studenti e fece sì che Tsangwa diventasse un importante centro di studio e di pratica del Dharma Jonang. Era conosciuto per la sua grande saggezza e le sue abilità eccezionali e, per questo motivo, molti re e governatori delle regioni circostanti lo invitavano con entusiasmo a visitare le loro terre.

Un albero che esaudisce i desideri fruttifica secondo i nostri desideri o necessità. In maniera analoga, un grande insegnante può presentare il Dharma in modo da soddisfare perfettamente i bisogni e le aspirazioni di chi lo ascolta. Per questo le parole di Chalongwa sono paragonate ai fiori che sbocciano quando le condizioni sono propizie e i suoi insegnamenti sono paragonati al polline che ha l'aspetto di un dolce elisir in grado di attrarre nuovi discepoli.

Ngawang Tenzin Namgyal

Prego te, Gawi Chöpel. La tua abilità nel parlare è illimitata e le tue sembianze sono perfette. Sei la fonte di tutte le supreme qualità così come la tua condotta morale è eccellente e la tua conoscenza è insuperabile come un grande tesoro.

Gawi Chöpel, conosciuto anche come Ngawang Tenzin Namgyal, nacque nel 1691 e fu il primo maestro Vajra di Kalachakra a risiedere nel monastero Tsangwa. Riconosciuto come la prima reincarnazione del fondatore di Tsangwa, Lodrö Namgyal, Gawi Chöpel ricevette gli insegnamenti completi dei Jonang dal suo maestro Ngawang Trinlé. Quando aveva solo dieci anni entrò in ritiro e ottenne molte realizzazioni. Tenzin Namgyal dedicò gran parte della sua vita adulta alla pratica continua dei

Sei Vajra Yoga in luoghi remoti come la Caverna di Amitabha dove aveva meditato Padmasambhava.

Gawi Chöpel era famoso poiché superava gli ostacoli usando poteri magici per istituire il sistema di insegnamento e pratica Jonang. Guidato dal contatto diretto con le divinità e grazie alla sua straordinaria capacità meditativa, influenzò profondamente l'ambiente in cui viveva e i suoi insegnamenti giovarono a molte persone. Era conosciuto anche per la sua condotta morale eccellente e la sua ineguagliabile conoscenza. Proprio come aveva predetto, morì nel 1738 dopo aver trascorso il giorno intero a dare consigli e profezie ai suoi discepoli.

Questo verso usa il linguaggio del Vajrayana e considera Gawi Chöpel come una emanazione di Buddha dotata di perfetto aspetto, parola e altre qualità eccellenti. I Buddha di solito vengono descritti usando cinque tipi di caratteristiche: corpo, parola, mente, qualità e attività. Per questo possiamo parlare dei grandi Lama come emanazioni della parola, della mente e così via.

Kunzang Trinlé Namgyal

Prego te, Trinley Namgyal. La tua saggezza splende come Manjushri, incarnazione della saggezza di infiniti Buddha. Sei un tesoro di compassione, il potere di tutti i Buddha illuminati.

Kunzang Trinlé Namgyal nacque nella regione Gyalrong del Tibet orientale e fu la seconda reincarnazione del famoso Lodrö Namgyal del monastero Tsangwa. Sino da quando era molto giovane seguì con diligenza la disciplina del Dharma, allacciando relazioni spirituali con molti grandi maestri e ricevendo innumerevoli iniziazioni e insegnamenti. Ottenne realizzazioni straordinarie ed era noto soprattutto per la sua saggezza, che veniva paragonata a quella di infiniti Buddha e in particolar modo a quella del bodhisattva Manjushri. Per questo motivo era molto ricercato come maestro di Dharma e richiamava molti studenti.

Manjushri è un bodhisattva di alto livello ed è l'incarnazione della saggezza di tutti i Buddha. Altri bodhisattva incarnano qualità diverse: Avalokiteshvara (Chenrezig in tibetano), ad esempio, è l'incarnazione della compassione di tutti i Buddha e Vajrapani è l'incarnazione del loro potere. Pertanto, in questo verso, si rende onore a Trinlé Namgyal come colui che manifesta le qualità illuminate di saggezza, compassione e potere.

Tutti i maestri di Dharma

> *Ora prego tutti i miei preziosi maestri che mi hanno conferito trasmissioni orali, iniziazioni e insegnamenti. Chiunque, al solo ricordarvi, sarà liberato dalla sofferenza, e chiunque abbia devozione in voi sicuramente raggiungerà l'illuminazione.*

Questo verso finale si riferisce a tutti i preziosi maestri di Dharma che avete incontrato nella vostra vita, a prescindere da quello che vi hanno impartito: trasmissioni, iniziazioni, istruzioni personali o altre forme di insegnamenti autentici. Non importa se il Dharma che avete ricevuto da loro sia stato molto limitato oppure molto vasto. Pensare ai vostri maestri, se avete sviluppato fiducia nei loro insegnamenti, dovrebbe fornirvi un rifugio dalla sofferenza e portarvi a uno stato di pace mentale. Se avete devozione e siete motivati a praticare con diligenza, non c'è nessun dubbio che riuscirete a raggiungerete l'illuminazione come risultato di questa sacra connessione.

Omaggio dell'autore

OM GURU BUDDHA BODHISATTVA BHAYANA NAMO NAMAH
Porgo omaggio al Lama che generosamente conferisce a tutti gli esseri il gioiello del Dharma che esaudisce ogni desiderio.

Questo è un omaggio dell'autore che non viene normalmente incluso nella pratica. Il Lama o Guru è colui che vi guida sul cammino verso la Buddhità, conferendo con generosità il gioiello del Dharma che esaudisce i desideri ed è, quindi, la fonte di tutte le buone qualità. È consuetudine che gli scrittori rendano omaggio agli esseri illuminati per rimuovere gli ostacoli alla loro opera.

— *La tradizione Jonang-Shambhala* —
I maestri dei Sei Vajra Yoga dello stadio di completamento del Kalachakra

CAPITOLO 3
Invocazione completa del lignaggio del Vajra Yoga

La seguente preghiera si prefigge, in modo specifico, di favorire lo sviluppo di una forte connessione con il lignaggio dei lama del profondo sentiero di Kalachakra dei Sei Vajra Yoga. Come già detto prima, questi insegnamenti furono trasmessi per la prima volta da Buddha Shakyamuni al re del Dharma Suchandra di Shambhala che li portò a Shambala, dove vennero conservati per quasi 1700 anni. Successivamente furono trasmessi al mahasiddha Manjuvajra che, in seguito, divenne noto come il Grande Kalachakrapada. Gli insegnamenti fiorirono in India per un periodo ed infine furono tramandati e portati in Tibet attraverso più di diciassette lignaggi diversi.

Il grande pandita Somanatha trasmise al traduttore tibetano Dro Sherab Drak un lignaggio particolarmente completo di istruzioni essenziali. Tale tradizione, conosciuta come la tradizione Dro, in seguito venne propagata da una serie di yogi straordinari che raggiunsero tutti la più elevata delle realizzazioni. Dopo più di otto generazioni, il grande erudito e praticante Kungpang Thukje Tsondru, unificò tutti i diciassette lignaggi. Durante questo processo Thukje Tsondru fondò il Ritiro della Montagna Jonang nella valle di Jomonang, luogo dalle straordinarie benedizioni.

Molti grandi maestri accorsero a Jonang per meditare sul profondo sistema dei Sei Vajra Yoga. Tra essi spiccava l'Onnisciente re del Dharma, Dolpopa Sherab Gyaltsen, il quale svelò il significato definitivo della visione Zhentong ed istituì un sistema di studio e di pratica unificato che divenne il fondamento della tradizione Jonang. Il Dharma Jonang continuò a fiorire nelle provincie di Ü e Tsang fino al diciassettesimo secolo. Tuttavia, a causa dell'instabilità politica e dei conflitti settari, molto maestri Jonang furono costretti a cercare rifugio nelle remote regioni orientali di Amdo e Kham.

Da allora, i grandi maestri Vajra dei famosi monasteri di Dzamthang – Chöjé, Tséchu e Tsangwa – preservarono il lignaggio puro in un flusso ininterrotto. Da questi centri principali, il lignaggio si diramò in centinaia di altri monasteri dando origine a diversi gruppi di detentori del lignaggio. Un lignaggio particolarmente degno di nota fu tramandato attraverso il prolifico erudito e praticante del ventesimo secolo Ngawang Lodrö Drakpa e poi attraverso i suoi studenti, Yonten Zangpo e Kunga Sherab Saljé.

Il lignaggio presentato in questo libro fu trasmesso dallo yogi realizzato Ngawang Chözin Gyatso al mio prezioso maestro Kybajé Lama Lobsang Trinlé. È il lignaggio detenuto attualmente al monastero Tashi Chöthang, una succursale del più grande monastero Dzamthang Tsangwa. Grazie agli sforzi dei moderni maestri Jonang in India, Australia e Stati Uniti, gli insegnamenti di questi lignaggi si stanno diffondendo fuori dal Tibet.

INVOCAZIONE DEL LIGNAGGIO DEL VAJRA YOGA

L'invocazione del lignaggio dei maestri comincia con una visualizzazione che al principio può sembrare alquanto elaborata ma che diventerà più semplice non appena prenderete dimestichezza con i differenti elementi. A questo fine dovreste visualizzare l'assemblea completa dei maestri del lignaggio iniziando con il Buddha primordiale, Vajradhara, Kalachakra ed il Buddha Shakyamuni. Una volta stabilita la visualizzazione, potrete richiederne le benedizioni.

Visualizzazione

Nello spazio immediatamente di fronte a te, al centro di un arcobaleno di luce di cinque colori, sopra un seggio costituito da cinque dischi – il primo di loto, poi di luna, sole, Rahu e Kalagni – visualizza il tuo Lama radice nella forma di Vajradhara blu seduto su un trono.

Il tuo Lama radice appare come Vajradara, il suo corpo è di colore blu, con un volto e due braccia e tiene nelle mani un vajra e una campana incrociati all'altezza del cuore. È seduto nella postura del loto completo, indossa vesti di seta, è adorno di ornamenti preziosi come una corona, orecchini, braccialetti, cavigliere e possiede tutti i segni maggiori e minori di un Buddha.

Lo circondano tutti i maestri del lignaggio dei Sei Vajra Yoga, incluso l'immacolato Buddha primordiale, il corpo di godimento Kalachakra, il corpo di emanazione Shakyamuni, i trentacinque re del Dharma di Shambhala e tutti i maestri del lignaggio indiani e tibetani. I loro corpi appaiono radiosi, splendenti e di bellissimo aspetto.

Ogni elemento di questa visualizzazione racchiude un profondo significato. Ad esempio, i quattro dischi di luna, sole, Rahu e Kalagni rappresentano rispettivamente le quattro gocce dello stato di veglia, sogno, sonno profondo e saggezza primordiale. Guru Vajradhara, che è la rappresentazione tantrica dell'illuminazione, siede maestosamente su un trono di leone ed è inseparabile dalla natura del vostro Lama radice. Questa visualizzazione, per quanto artificiale possa sembrare, non è una finzione o la creazione di qualche nuovo fenomeno ma è piuttosto un modo estremamente abile di sviluppare la "percezione pura" della realtà illuminata che sta al di là di tutte le ordinarie nozioni e distinzioni dualistiche.

Anche ciascun attributo del corpo di Vajradhara ha un profondo significato. Il vajra a cinque punte e la campana incrociati rappresentano l'unione indissolubile di compassione e saggezza, mentre i segni e gli ornamenti simboleggiano altri aspetti della realtà illuminata, quali i cinque aggregati purificati e le otto coscienze purificate. Sebbene sia positivo visualizzare la forma di Vajradhara per superare la nostra percezione ordinaria, alcune persone potrebbero trarre maggior giovamento dal visualizzare il Lama nella sua forma umana comune.

Tradizionalmente si dovrebbero dedicare alcuni minuti a stabilire questa visualizzazione prima di recitare le preghiere e sarebbe meglio se riusciste a visualizzare tutti i maestri del lignaggio assieme, con corpi radiosi, splendidi e di bell'aspetto. Tuttavia porre troppa enfasi sui dettagli può diventare un ostacolo. L'aspetto più importante è quello di far sorgere nella vostra mente una forte sensazione di connessione con il lignaggio, pensando che tutti questi esseri illuminati siano davvero presenti. Mentre recitate la preghiera potete richiamare alle mente ciascun maestro del lignaggio assieme ai dettagli biografici che riuscite a ricordare. Praticare in questa maniera fa sì che si stabilisca una connessione tra voi e il prezioso lignaggio ed è proprio questa connessione che vi farà avvicinare maggiormente alla realtà illuminata della vostra natura di Buddha.

Preghiere al Lama radice e ai Lama del lignaggio

Porgo omaggio e prego il mio Lama radice.
Prego il Lama radice e i Lama del lignaggio.
Prego il lignaggio che esaudisce i desideri.

Rendere omaggio e pregare il Lama radice e i Lama del lignaggio è un modo di mostrare il nostro più profondo onore e rispetto e di ricordare a noi stessi quanto preziosa sia questa relazione spirituale. L'espressione tibetana per Lama radice è *"tsawi lama"* e si riferisce al maestro o ai maestri di Dharma ai quali siete più grati, coloro che vi hanno mostrato personalmente il cammino verso la liberazione. Tra tutti i maestri che avete incontrato il vostro Lama radice è quello che considerate il più importante, quello da cui avete ricevuto il maggior numero di insegnamenti o quello che vi ha portato maggior beneficio nel percorso verso l'illuminazione. Si possono avere uno o più Lama radice, non vi è limite al loro numero.

Gli altri maestri del lignaggio possono non avervi impartito direttamente degli insegnamenti, tuttavia sono parte integrante del lignaggio di trasmissione. Senza questo lignaggio di trasmissione l'illuminazione sarebbe irraggiungibile, per cui il lignaggio è analogo ad un gioiello che esaudisce i desideri. Anche se non avete incontrato questi maestri, dovreste provare un senso di profonda umiltà e gratitudine nei loro confronti in modo da stabilire una connessione spirituale con questo santo lignaggio.

Per favore beneditemi affinché possa ricevere la trasmissione del lignaggio.
Possano tutte queste benedizioni entrare nel mio cuore!
Per favore beneditemi affinché le oscurità del mio cuore siano eliminate!

Come spiegato in precedenza, ricevere le benedizioni significa che le vostre buone qualità aumenteranno o che vi avvicinerete maggiormente alla realtà della vostra natura di Buddha. Il lignaggio di trasmissione è come una scala che vi aiuta a svelare questa natura conducendovi a una trasformazione profonda, mentre le benedizioni entrano nel vostro cuore. Si tratta di qualcosa di più profondo che un momentaneo "sentirsi bene". Mediante tale pratica potrete dissipare l'oscurità dell'ignoranza e di altre impurità che vi impediscono di sperimentare quel prezioso gioiello che è la vostra natura di Buddha.

Prego il Lama.
Prego il Signore del Dharma.
Possano tutti i padri spirituali e i loro discepoli del cuore benedirmi!

Il Lama è qualcuno che sta "sopra di noi", un essere dotato di qualità spirituali superiori alle nostre e pertanto degno di lode ed omaggio. *Signore del Dharma* designa l'equivalente di un re della spiritualità. L'espressione *discepoli del cuore* si riferisce ai discepoli più stretti dei grandi Lama del lignaggio, i quali sono i loro padri spirituali. Li possiamo paragonare ad un principe che ascenderà al trono del proprio maestro per continuare il suo lavoro. Per esempio, Dolpopa ebbe quattordici discepoli del cuore che diffusero il Dharma Jonang dopo che lui passò nel parinirvana. Tra di loro si possono citare in particolare Chokgyalwa Choklé Namgyal e Tsungmed Nyabön Kunga.

Preghiere rivolte alla base, al sentiero ed al risultato

Prego il Tathagatagarbha, l'essenza della base primordiale.
Prego il profondo sentiero Vajra di Kalachakra.
Prego la manifestazione del dharmakaya, corpo della realtà dell'illuminazione, risultato della cessazione del samsara.

Tathagatagarbha si riferisce alla mente illuminata e completamente risvegliata della Buddhità, la cui essenza, anche se oscurata dalle impurità temporanee, risiede in tutti gli esseri quale base primordiale dell'illuminazione. Buddha Maitreya paragona questa base primordiale a un tesoro sepolto, al miele nel favo, al grano nella pula o a un'immagine preziosa coperta da uno strato di fango. *Il profondo sentiero Vajra di Kalachakra* si riferisce agli insegnamenti e alle pratiche da seguire per risvegliare questa vera natura sulla base del tantra di Kalachakra. Ciò include tutte le pratiche preliminari descritte ne *La Scala Divina* ed anche la pratica principale dei Sei Vajra Yoga.

La manifestazione del dharmakaya, corpo della realtà dell'illuminazione è il risultato finale del sentiero, momento in cui tutte le afflizioni sono totalmente purificate e si ha ottenuto la realizzazione della Buddhità. Benché la base e il risultato siano inseparabili, a livello della realtà relativa, è necessario praticare il sentiero per eliminare i molteplici strati di impurità che ci impediscono di vedere questa verità.

Il dharmakaya è uno dei tre corpi (*kaya*, in sanscrito) o dimensioni dell'illuminazione. Si riferisce all'aspetto permanente, immutabile e vuoto della mente illuminata. È la dimensione della realtà che il Buddha sperimenta. Le altre dimensioni sono il sambhogakaya, corpo di godimento e il nirmanakaya, corpo di emanazione, che rappresentano entrambi le dimensioni della realtà sperimentate dagli esseri senzienti.

INVOCAZIONE COMPLETA DEL LIGNAGGIO DEL VAJRA YOGA

Preghiere ai quattro corpi del Buddha

Buddha primordiale   *Guru Vajradahra*   *Shri Kalachakra*   *Buddha Shakyamuni*

Prego il sublime Buddha primordiale.
Prego Vajradhara, corpo della realtà dell'illuminazione (dharmakaya).

Buddha primordiale e Vajradhara sono due nomi differenti impiegati per descrivere il dharmakaya, il corpo della realtà dell'illuminazione. Ciascuno di loro indica un aspetto differente di questa verità sacra che sfugge ad ogni elaborazione concettuale e possono essere paragonati ai nomi che vengono usati per descrivere i diversi ruoli che si hanno nelle differenti circostanze della vita: dottore, marito, primogenito, e via dicendo.

Buddha primordiale significa senza inizio, fuori dal tempo e mai macchiato dalla verità relativa o dalle afflizioni del samsara, proprio come lo spazio che pervade ogni altro elemento pur non venendone influenzato. Viene anche chiamato svabhavikakaya o corpo naturale ed è l'aspetto di com'è veramente la realtà.

Vajradhara è simile al Buddha primordiale ma l'enfasi viene posta sulla saggezza che conosce la realtà così com'è. È noto come jñana-dharmakaya o corpo di saggezza-verità. Benché il Buddha primordiale e Vajradhara siano inseparabili, entrambi contribuiscono ad evidenziare le sottili caratteristiche del significato definitivo.

Prego Kalachakra, il corpo di godimento (sambhogakaya).

Nel testo radice si utilizza il termine "longku", che significa sambhogakaya, conosciuto anche come corpo di godimento, ed è la manifestazione più sottile e pura del dharmakaya. Quando gli esseri senzienti intraprendono una pratica spirituale iniziano lentamente ad eliminare i numerosi strati di oscuramenti, purificando così le proprie menti e riuscendo a sperimentare livelli sempre più sottili di realtà. Il sambhogakaya rappresenta il livello più sottile e puro dell'esperienza dualistica ed è percepibile solo dai bodhisattva altamente realizzati che hanno raggiunto il decimo livello di sviluppo spirituale.

L'espressione tibetana per riferirsi a Kalachakra è "Dukyi Korlo", la cui traduzione letterale è "Ruota del Tempo". In questo caso il concetto di *tempo* si riferisce al cambiamento o alla trasformazione mentre la *ruota* fa riferimento all'idea di un ciclo o di un processo senza fine. Ad un livello più superficiale la *Ruota del Tempo* indica gli infiniti schemi di trasformazione che tutti percepiamo, mentre ad un livello più sottile questi due concetti individuano la natura convenzionale dei fenomeni quale unione di grande compassione e vacuità. Ad un livello ancora più sottile si riferiscono alla natura ultima della realtà che è l'unione di beatitudine immutabile e forma-vuota. La cosa importante da ricordare è che Kalachakra è un termine che fa riferimento alla totalità dell'esperienza e pertanto può essere compreso in modi diversi a seconda di quanto sottile sia la prospettiva che si adotta.

Ad Amaravati, nell'India meridionale, quando il Buddha insegnò per la prima volta il tantra di Kalachakra a un pubblico che includeva una grande varietà di esseri umani e non umani, si manifestò nella forma sambhogakaya di Kalachakra insieme a un mandala di 636 divinità. Il principale destinatario di questi insegnamenti fu il grande re del Dharma Suchandra che li trasmise al regno divino di Shambhala. Grazie al potere di questi insegnamenti i re di Shambhala riuscirono a sviluppare un sistema di pratica in grado di unire in modo efficace persone di molteplici tradizioni religiose portando pace e armonia nel loro regno.

Solo gli esseri con elevate realizzazioni spirituali come il re Suchandra potevano percepire e sperimentare direttamente la forma illuminata di Kalachakra. Pertanto quando si dice che Buddha Shakyamuni apparve nella forma sambhogakaya di Kalachakra per insegnare il tantra di Kalachakra, significa che questi insegnamenti vennero trasmessi ad un livello di esperienza estremamente sottile.

Prego Buddha Shakyamuni, il corpo di emanazione (nirmanakaya).

In parole semplici il nirmanakaya, ossia il corpo di emanazione, è l'essere a cui alludiamo di solito quale principe Siddhartha, colui che mostrò agli esseri umani ordinari come avrebbero potuto diventare dei Buddha completamente risvegliati. Spesso lo si chiama Buddha Shakyamuni, dove *Buddha* significa "il risvegliato" e *Shakya* si riferisce al nome del suo clan. Ad un livello più profondo il nirmanakaya o corpo di emanazione è il modo in cui il sambhogakaya appare agli esseri ordinari, in forma umana e manifestando una vita caratterizzata da nascita, vecchiaia e morte.

In questo modo i nirmanakaya fungono da ponte tra la mente illuminata del Buddha e gli infiniti esseri senzienti che soffrono nell'esistenza ciclica. Siccome i nirmanakaya appaiono in accordo alle propensioni karmiche degli esseri senzienti, le forme sotto cui possono manifestarsi sono illimitate e sempre perfettamente adatte a comunicare il Dharma agli specifici esseri senzienti che incontrano.

Preghiere ai maestri del lignaggio di Shambhala

Prego i trentacinque re del Dharma di Shambhala.

Shambhala è un termine impiegato per riferirsi alla manifestazione di pace e armonia nell'esperienza degli esseri senzienti. A livello ultimo è indivisibile dalla base primordiale della nostra natura di Buddha. Dal punto di vista convenzionale viene sperimentata in una grande varietà di maniere differenti. Quando parliamo dei re del Dharma di Shambhala facciamo riferimento a una manifestazione specifica di Shambhala conosciuta come il *regno sublime di Shambhala*.

Questa forma di Shambhala è una *terra pura* generata dalle aspirazioni illuminate dei bodhisattva di decimo livello in combinazione con le connessioni karmiche che hanno sviluppato con gli esseri senzienti di questo pianeta. È un regno unico per opportunità, in grado di offrire agli umani di questo mondo tutte le condizioni necessarie per progredire rapidamente lungo il percorso verso l'illuminazione. Benché lo si possa

TESORO NASCOSTO

— *I trentacinque re del Dharma di Shambhala* —
I sette re del Dharma, i venticinque re Kalki e i tre re dell'Età dell'Oro

considerare un regno umano, è più sottile del mondo che noi percepiamo ordinariamente e quindi solo le menti degli esseri dotati di un livello di sottigliezza corrispondente sono in grado di sperimentarlo.

Fu proprio da questo livello sottile di esperienza che il re bodhisattva Suchandra si emanò quando richiese gli insegnamenti del Kalachakra al Buddha Shakyamuni nel Grande Stupa Dhanyakataka di Amaravati nell'India meridionale. In quell'occasione il Buddha, sotto la forma di Kalachakra, profetizzò che trentacinque re del Dharma avrebbero conservato quegli insegnamenti fino al periodo della successiva Età dell'Oro. Questi re vengono suddivisi in tre gruppi: i sette re del Dharma, i venticinque re Kalki e i tre re dell'Età dell'Oro.

I *sette re del Dharma* furono le prime sette generazioni di re che istituirono la pratica del Kalachakra nella terra di Shambhala. Mediante il loro brillante esempio dimostrarono la profonda capacità di cui tutti siamo dotati ed ispirarono gli abitanti di Shambhala a trascendere i loro limiti. Questi sette re sono: (1) Suchandra, (2) Sureshvara, (3) Taji, (4) Somadatta, (5) Sureshvara, (6) Vishvamurti e (7) Sureshana.

I *venticinque re Kalki* ebbero inizio quando Manjushri Yashas, il grande re del Dharma, riuscì a unire gli abitanti di Shambhala intorno a un comune riconoscimento della loro natura ultima. Condensò gli insegnamenti del tantra di Kalachakra rendendoli così disponibili a un numero maggiore di persone e, in questo modo, mostrò loro come superare ogni faziosità e portare alla luce la loro verità sacra. A partire dal regno di Yashas i re di Shambhala furono conosciuti come *Kalki,* che significa "unificatore di caste." Attualmente stiamo vivendo durante il regno del ventesimo re Kalki, Aniruddha. Questa è la lista completa dei re Kalki: (1) Manjushri Yashas, (2) Pundarika, (3) Bhadra, (4) Vijaya, (5) Sumitra, (6) Raktapani, (7) Vishnugupta, (8) Arkakirti, (9) Subhadra, (10) Samudravijaya, (11) Aja, (12) Surya, (13) Vishvarupa, (14) Shashiprabha, (15) Ananta, (16) Mahipala, (17) Shripala, (18) Harivikrama, (19) Mahabala, (20) Aniruddha, (21) Narasimha, (22) Maheshvara, (23) Anantavijaya, (24) Yashas e (25) Raudra Chakri.

Secondo la profezia, durante il regno dell'ultimo re Kalki, si giungerà ad un momento di svolta nell'equilibrio tra ignoranza e saggezza. Il mondo sarà dominato da modi di pensare afflittivi e ciò darà luogo a una violenza e una degenerazione senza precedenti. Ma allo stesso tempo le menti umane saranno maturate al punto di rendere possibile la manifestazione del venticinquesimo re Kalki, Raudra Chakri di Shambhala, per infondere nuovo vigore nel Dharma e dare avvio ad un'età di pace e armonia ineguagliabili. Secondo la profezia i tre re che dovrebbero governare durante questa epoca sono conosciuti come i *tre re dell'Età dell'Oro*: (1) Brahma, (2) Sureshvara e (3) Kashyapa.

Dushapa Chenpo　　　*Dushapa Nyipa*　　　*Gyaltse Nalendrapa*　　　*Panchen Dawa Gonpo*

Preghiere ai maestri del lignaggio indiano

Prego Drupchen Dushapa Chenpo.

Drupchen Dushapa Chenpo, noto anche come Kalachakrapada il Vecchio, fu il primo depositario del lignaggio completo del Kalachakra in questo regno umano. Nato come Manjuvajra, figlio di uno yogi brahmino, crebbe studiando alle famose università di Odantapuri e Nalanda nella parte nordorientale dell'India. Dopo aver sviluppato una considerevole competenza in ognuna delle cinque scienze ebbe una visione di Manjushri che gli disse di viaggiare verso nord alla ricerca di Shambhala. Manjuvajra attraversò le montagne più remote, finché incontrò un'emanazione dell'undicesimo re Kalki Aja che gli conferì tutte le iniziazioni e le istruzioni essenziali, consentendogli di raggiungere livelli eccezionali di realizzazione. Dopo aver praticato per sei mesi, fu in grado di viaggiare a Shambhala, ove ricevette una grande quantità di insegnamenti direttamente dallo stesso Aja.

Dopo aver memorizzato tutti questi preziosi insegnamenti, Manjuvajra tornò a casa e iniziò a condividerli con tutti coloro che desideravano apprenderli. La pratica dei Sei Vajra Yoga si diffuse in India proprio grazie alla guida della sua ineguagliabile realizzazione. Con il tempo Dushapa Chenpo riuscì a padroneggiare i sei yoga ed a raggiungere la completa illuminazione, realizzando lo stato del corpo di arcobaleno. *Drupchen* è il vocabolo tibetano per "mahasiddha", ovvero un essere dotato di un alto livello spirituale, mentre *chenpo* in tibetano significa "grande."

Prego Drupchen Dushapa Nyipa.

Il discepolo principale di Manjuvajra fu un laico di casta reale chiamato Shri Badra. Grazie alle sue straordinarie realizzazioni fu conosciuto anche come Kalachakrapada il Giovane o Drupchen Dushapa Nyipa in tibetano (*Nyipa* significa "secondo"). Nella sua pratica spirituale Shri Badra fece esperienza di molte divinità e regni illuminati e tutti riconobbero che aveva raggiunto il dodicesimo stadio dei livelli di bodhisattva. Aveva molti discepoli e, sotto la sua guida, dodici di questi svilupparono il corpo di arcobaleno. Fu proprio Shri Badra il primo a collaborare con i traduttori tibetani per introdurre il tantra di Kalachakra nel Tibet.

Prego Gyaltse Nalendrapa.

La pratica del Kalachakra crebbe in modo considerevole sotto la guida del discepolo del cuore di Shri Badra, il grande abate di Nalanda Bodhibhadra, noto in Tibet come Gyaltse Nalendrapa. Secondo un famoso aneddoto, Bodhibhadra affisse un cartello all'entrata dell'Università di Nalanda recante la scritta: "Se non comprendete il Kalachakra non avete compreso l'intenzione ultima del Buddha". In risposta a questa sfida temeraria cinquecento eruditi si confrontarono in dibattito con Nalandrepa e furono tutti sconfitti. Tale evento fece attecchire stabilmente gli insegnamenti del Kalachakra in India, rendendolo uno dei sistemi di pratica più diffusi.

Prego Panchen Dawa Gonpo.

Dal grande centro di Nalanda gli insegnamenti del Kalachakra vennero diffusi nel Kashmir occidentale dal famoso pandita Somanatha (Dawa Gonpo in tibetano). Originariamente di discendenza islamica, Somanatha era diventato uno studioso brillante già da molto giovane. Dopo essersi trasferito a Nalanda studiò presso alcuni dei più grandi maestri del tempo, in particolare Kalachakrapada il Giovane e Nalendrapa. Mediante la pratica dei Sei Vajra Yoga Somanatha sviluppò molti poteri eccezionali come quello di possedere il completo controllo dei suoi venti sottili. Essendo consapevole della connessione karmica esistente tra Tibet e Shambhala, si recò tre volte in Tibet impartendo insegnamenti generali sui *Sutra della perfezione della saggezza* e sulle cinque collezioni di Arya Asanga. A tre studenti molto speciali trasmise le profonde istruzioni essenziali delle pratiche dello stadio di completamento del Kalachakra.

Preghiere al lignaggio Vajra Yoga della tradizione Dro

Droton Lotsawa   Lama Lhaje Gompa   Lama Droton Namseg

Prego il grande traduttore Droton Lotsawa.

Dro Lotsawa Sherab Drakpa, nato nel Tibet occidentale, ebbe molti grandi maestri indiani ma considerava Somanatha il suo Guru principale. Insieme tradussero il commentario del re Kalki Pundarika sulla versione abbreviata del tantra di Kalachakra intitolata *Luce immacolata*. Rendendo disponibili ai praticanti tibetani le istruzioni scritte e orali nel loro idioma, contribuì incredibilmente alla diffusione degli insegnamenti del Kalachakra in Tibet. Questa è la ragione per cui divenne famoso per essere stato un grande traduttore. Negli anni finali della sua vita Dro Lotsawa trascorse gran parte del tempo vivendo a stretto contatto con Somanatha, fino al momento della morte di quest'ultimo.

Prego Lama Lhaje Gompa.

Lama Lhaje Gompa, noto anche come Konchok Sum, nacque nella regione tibetana occidentale di Penyul. Originariamente fu un praticante tantrico altamente realizzato della tradizione Nyingma, conosciuto per la sua capacità di pacificare i demoni e i praticanti di magia nera. Mentre Dro Lotsawa si era focalizzato principalmente sulla traduzione, Lhaje Gompa si concentrò sulla pratica degli insegnamenti che aveva ricevuto da Somanatha e pertanto dedicò tutto il suo tempo alla meditazione. Come risultato della sua fama di praticante eccezionale, attrasse molti studenti desiderosi di ricevere da lui le preziose istruzioni sui Sei Vajra Yoga.

Prego Lama Droton Namseg.

Il discepolo principale di Lhaje Gompa fu Lama Droton Namla Tsek, un praticante tantrico laico che indossava vesti bianche. Sebbene avesse ricevuto la trasmissione del Kalachakra dal Lama Lhaje Gompa, studiò anche a lungo con Somanatha, il quale gli insegnò le cinque collezioni di Asanga e i sei trattati Madhyamika di Nagarjuna. Pur essendo il tantra di Kalachakra la sua pratica principale, si diceva che avesse una connessione diretta con numerosi yidam e che dakini illuminate lo assistessero ogniqualvolta avesse bisogno del loro aiuto. Quando la fama della sua erudizione e delle sue realizzazioni si diffuse Droton Namseg divenne un maestro molto ricercato e, fra i tre discepoli tibetani di Somanatha, fu il maggior responsabile della propagazione degli insegnamenti del Kalachakra della tradizione Dro. Tuttavia, a causa del suo enorme rispetto e venerazione nei confronti dei Vajra Yoga, seguì l'esempio del suo maestro e trasmise le istruzioni essenziali secondo la modalità di un lignaggio sussurrato, ossia tramandato solo da maestro a discepolo del cuore.

Lama Drupchen Yumo   *Seachok Dharmeshvara*   *Khipa Namkha Öser*   *Machig Tulku Jobum*

Prego Lama Drupchen Yumo.

Lama Drupchen Yumo Mikyo Dorjé nacque in una regione del Tibet vicina all'Himalaya. Fu ordinato monaco quando era molto giovane e, nel corso degli anni, divenne noto per la sua pura disciplina monastica. Da ragazzo studiò tutti i sutra e poi i tantra. Dopo un breve contatto con Somanatha, Yumowa ricevette la trasmissione completa del Kalachakra dal Lama Droton Namseg. Sulla base di questi insegnamenti sviluppò abilità considerevoli, come la capacità di manifestarsi in diverse forme e una grande conoscenza del tantra di Kalachakra. Forse Yu è maggiormente noto per essere stato uno dei primi tibetani a scrivere sulla natura di Buddha in armonia con gli insegnamenti del Kalachakra basandosi sulla sua esperienza. Questi scritti possono essere ritenuti gli antesignani di quelli di Dolpopa sulla *visione Zhentong*.

Prego Seachok Dharmeshvara.

Seachok Dharmeshvara, figlio di Drupchen Yumo, fu uno studioso eccezionale. All'età di sedici anni scrisse un commentario sulle iniziazioni di Kalachakra conosciuto come *Wang Dorten* (*Sekkodesha* in sanscrito). Si dice che all'età di vent'anni potesse comprendere tutto ciò che sapeva suo padre. Molte persone ritenevano fosse emanazione di Manjushri poiché padroneggiava ogni dettaglio dei sutra e dei tantra, riuscendo così a sconfiggere in dibattito molti eruditi famosi con la sua logica penetrante. Dharmeshvara ricevette insegnamenti da molti lama ma fu particolarmente attratto dai tantra di Guhyasamaja e Kalachakra. Seguendo le orme di suo padre decise di tramandare il lignaggio del Vajra Yoga ai suoi tre figli. In tibetano il significato letterale di *seachok* è "figlio supremo".

Prego Khipa Namkha Öser.

Khipa Namkha Öser nacque in Kangsar e fu il primo figlio di Seachok Dharmeshvara. Fu uno yogi tantrico e un erudito che si concentrò principalmente sulle cinque collezioni di Asanga e sui tantra di Guhyasamja e di Kalachakra. Si dice che avesse una connessione diretta con le divinità femminili Vajravarahi e Sarasvati. Il termine *khipa* significa "erudito straordinario."

Prego Machig Tulku Jobum.

Machig Tulku Jobum, figlia di Dharmeshvara, era considerata la reincarnazione della sorella del re Indrabhuti. Dopo aver memorizzato parola per parola il gran commentario del tantra di Kalachkra, ricevette le istruzioni essenziali da suo padre ed ottenne i dieci segni propizi in un solo giorno. Dopo un'ulteriore settimana di pratica intensiva riuscì a dominare i suoi venti interni e a dirigerli nel canale centrale diventando così una grande yogini – una praticante femminile altamente realizzata.

Lama Drubtop Sechen   Chöje Jamyang Sarma   Kunkyen Chöku Öser

Prego Lama Drubtop Sechen.

Lama Drubtop Sechen nacque con disturbi al linguaggio e all'udito e nessuno pensava che avrebbe realizzato grandi cose nella sua vita. Tuttavia, dopo aver ricevuto le istruzioni sui Sei Vajra Yoga da sua sorella Machig Tulku Jobum e praticato sotto la guida di suo fratello Namkha Öser, ottenne rapidamente le realizzazioni, inclusa la capacità di ricordare le sue vite passate e di conoscere il suo futuro. Nel corso degli anni, dopo che ebbe fondato il monastero di Tsang Orlang Semonché, fu chiamato Semochen.

Prego Chöje Jamyang Sarma.

Chöje Jamyang Sarma nacque in una famiglia della tradizione Nyingma, ma, in seguito alla sua ordinazione, studiò in molti monasteri diversi. Dopo aver contratto la lebbra, intraprese un lungo ritiro di Vajrapani per guarire dalla malattia e, nel corso di questo periodo, ebbe una visione di Manjushri che gli disse di cercare istruzione presso il Lama Drubtop Sechen. Durante il suo viaggio per incontrare Semochen dovette sconfiggere molti demoni e forze avverse ma, non appena ricevette l'iniziazione, riuscì a percepire il suo Lama nella forma di Kalachakra. Da quel momento in poi praticò i Sei Vajra Yoga raggiungendo realizzazioni persino maggiori. Jamyag Sama fu il responsabile della fondazione di molti eremi ove gli yogi dedicavano le loro vite alla pratica del Kalachakra. *Chöje* significa letteralmente "signore del Dharma" o "sovrano del Dharma".

Prego Kunkyen Chöku Öser.

Kunkyen Chöku Öser fu il figlio di Serdingpa Zhonnu Ö. Alla sua nascita fu predetto che avrebbe avuto la capacità di permanere nello stato di dharmakaya e per questo lo si chiamò *Chöku Öser*, il cui significato è "radioso dharmakaya". Fu un grande studioso dei sutra e dei tantra e, dopo aver ricevuto l'iniziazione e le istruzioni del Kalachakra da Jamyang Sarma, ebbe incredibili realizzazioni. Si diceva che potesse percepire direttamente la forma irata di Kalachakra e, in una occasione, lo si vide camminare intorno ad uno stupa nello stesso momento in cui stava meditando in una stanza chiusa. Il significato letterale di *Kunkyen* è "onnisciente" o "colui che sa tutto".

INVOCAZIONE COMPLETA DEL LIGNAGGIO DEL VAJRA YOGA

Preghiere al lignaggio dei maestri del monastero Jonang

Kunpang Thukje Tsondru   Jangsem Gyalwa Yeshe   Khetsun Yonten Gyatso

Prego Kunpang Thukje Tsondru.

Kunpang Thukje Tsondru nacque nel 1243 ed è considerato un'emanazione di un re Kalki di Shambhala. Dopo aver ricevuto l'ordinazione studiò con solerzia nei monasteri di Sakya e Ngor, ove ricevette la trasmissione del Kalachakra secondo con la tradizione Ra. In seguito fu invitato a diventare l'abate del monastero Kyangdur di Chöje Jamyang Sarma dove Kunkyen Chöku Öser gli conferì la trasmissione esperienziale del Kalachakra del lignaggio Dro. Una volta entrato in ritiro Kupangje ottenne rapidamente molte realizzazioni sulla base dei Sei Vajra Yoga. Ma non ancora soddisfatto, viaggiò a lungo ricevendo le trasmissioni di diciassette lignaggi di istruzioni essenziali dei Sei Vajra Yoga. Poi, su richiesta della dea locale Nagme Gyalmo e delle comunità di Chi, Drak e Nak, Kunpangje si stabilì nella valle di Jomonang dove costituì l'Eremo della Montagna Jonang. Proprio in questo luogo Thukje Tsondru annotò tutte le istruzioni essenziali ricevute, diventando così il primo tibetano a preservare i Sei Vajra Yoga per iscritto. In virtù di ciò, innumerevoli studenti si recarono a Jonang per studiare con questo grande maestro. Presto il nome di Gyalwa Jonangpa divenne sinonimo dello studio e della pratica del Kalachakra. Il termine *kunpang* è un titolo che significa "completa rinuncia a tutti gli interessi mondani".

Prego Jangsem Gyalwa Yeshe.

Jangsem Gyalwa Yeshe fu ordinato e praticò il Dharma per molti anni nell'ordine Karma Kagyu, ma non riuscì a conseguire nessuna realizzazione. Il Karmapa Karma Pakshi gli disse che ciò era dovuto al fatto che non possedeva le connessioni karmiche necessarie, per cui gli consigliò di recarsi al monastero Jonang per studiare sotto la guida del grande Thukje Tsondru. Quando udì il nome di Kunpanje, Gyalwa Yeshe fu invaso da grande fede e devozione. Una volta ricevute tutte le iniziazioni e le istruzioni del Kalachakra, progredì rapidamente nella sua pratica dei Sei Vajra Yoga e, dopo qualche tempo, le sue realizzazioni eguagliarono quelle del suo maestro. Fu così che iniziò a diffondere il Dharma nelle regioni circostanti. Fu scelto come abate del monastero di Dechen e in seguito fu posto a capo del monastero Jonang. *Jangsem Gyalwa* significa "Grande Bodhisattva".

Prego Khetsun Yonten Gyatso.

Khetsun Yonten Gyatso nacque in una famiglia seguace della tradizione Nyingma e studiò con molti maestri tantrici di svariati monasteri. Dopo aver ricevuto le istruzioni del Kalachakra da Thukje Tsundru, completò tutte le pratiche dello yoga notturno nel corso di ventun giorni. Mentre stava praticando lo yoga diurno il suo corpo levitò ad una distanza di una freccia dal suolo e, per i sette giorni successivi, fu in grado di muoversi liberamente attraverso le montagne e le vallate di Jonang. Inoltre sviluppò eccezionali poteri di chiaroveggenza e una conoscenza straordinaria di ogni insegnamento del Buddha e si diceva che il suo corpo sprigionasse una gradevole fragranza come risultato della sua eccellente condotta morale. Yonten Gyatso fu uno stretto amico di Dharma di Gyalwa Yeshe e in seguito divenne il suo successore, prendendo il trono del Dharma in qualità di abate del monastero di Jonang. In tibetano *khetsun* significa "erudito dotato di eccellente condotta morale".

Kunkyen Dolpopa *Chogyal Choklé Namgyal* *Tsungmed Nyabon Kunga*

Prego Kunkyen Dolpopa, emanazione dei Buddha dei tre tempi.

Kunkyen Dolpopa fu considerato un'emanazione dei Buddha dei tre tempi in virtù delle sue realizzazioni e della sua profonda conoscenza degli insegnamenti del Buddha e anche perché nelle province di Ü e di Tsang tutti lo consideravano il loro maestro. Dopo aver ottenuto la realizzazione suprema durante un ritiro sui Vajra Yoga di Kalachakra, elaborò la straordinaria visione Zhentong e divenne il quarto abate del monastero Jonang. Qui sviluppò un sistema unificato di studio e pratica buddhista che combinava lo studio della visione Zhentong e la pratica di ritiri focalizzati sui Sei Vajra Yoga. Questo sistema è stato preservato fino ai giorni nostri come il gioiello più prezioso della tradizione Jonang.

Prego Chogyal Choklé Namgyal.

Choklé Namgyal era figlio del re di Nagari Yatse e, durante la sua giovinezza, ricevette molti insegnamenti elevati da suo padre e da suo zio. Da bambino studiò in svariati monasteri e più volte lasciò tutti attoniti per aver impartito insegnamenti ad un gran numero di persone. Siccome usciva sempre vincitore nei dibattiti lo chiamarono *Chogyalwa,* ovvero "l'Invincibile." Choklé Namgyal ricevette le iniziazioni e le istruzioni del Kalachakra da Dolpopa, divenendone uno degli studenti più stretti ed essendo in grado di memorizzare perfettamente tutti i grandi testi. Successivamente divenne il quinto abate del monastero Jonang, rimanendo a capo della comunità prima per sei anni e poi per altri quindici. Durante questo periodo divenne l'insegnante di molti grandi maestri come, ad esempio, il fondatore della tradizione Geluk, Je Tsongkhapa, che ricevette da lui numerosi insegnamenti sul Kalachakra. In tibetano *chogyal* significa "re del Dharma" mentre *choklé* vuol dire "vittorioso in tutte le direzioni".

Prego Tsungmed Nyabon Kunga.

Tsungmed Nyabon Kunga mostrò grande intelligenza sin dall'infanzia. Dopo essere stato riconosciuto da Khetsun Yonten Gyatso come la reincarnazione del grande maestro dei Vajra Yoga Jamsar Sherab, eccelse in tutti i suoi studi. La sua educazione monastica dovette temporaneamente interrompersi quando, all'età di vent'anni, si ammalò gravemente. Tuttavia fu miracolosamente curato da Dolpopa Sherab Gyaltsen quando quest'ultimo visitò il suo monastero e gli sputò addosso. In seguito Dolpopa divenne il suo principale maestro, benché Nyabon Kunga avesse ricevuto approfonditi insegnamenti e indicazioni anche da Choklé Namgyal. Fu uno scrittore prolifico e molte sue opere sono apprezzate tutt'oggi. Numerosi praticanti realizzati di altre tradizioni, tra i quali si annoverano anche Sakya Rendawa e Lama Tsongkapa, ricevettero i suoi insegnamenti. In età avanzata fondò il monastero Jonang di Tsechen. La parola *tsungmed* significa letteralmente "ineguagliabile".

Drupchen Kunga Lodrö   *Jamyang Konchog Zangpo*   *Drenchog Namkha Tsenchan*   *Panchen Namkha Palzang*

INVOCAZIONE COMPLETA DEL LIGNAGGIO DEL VAJRA YOGA

Prego Drupchen Kunga Lodrö.

Drupchen Kunga Lodrö nacque nella famiglia reale di Sharkha e si credeva fosse la reincarnazione di Butön Rinchen Drup. Studiò principalmente gli insegnamenti del Buddha, specialmente il tantra di Kalachakra, sotto la guida di Nyabon Kunga mentre allo stesso tempo ricevette insegnamenti da molti altri maestri. Avendo completamente abbandonato ogni attaccamento ai possedimenti e allo status sociale mondani, prese l'ordinazione e divenne il successore di Nyabon quale abate del monastero di Tsechen. Dopo aver tentato senza successo di mediare la pace tra due clan belligeranti, la sua disillusione nei confronti dell'esistenza ciclica crebbe e, per questo motivo, si chiuse in ritiro per quasi cinquant'anni. Durante questo lasso di tempo padroneggiò non solo i Vajra Yoga, ma anche ogni altro sistema di pratica tantrica. Essendo un grande maestro Rimé, fu il maestro di una moltitudine di studenti di tutte le tradizioni più importanti.

Prego Jamyang Konchog Zangpo.

Jamyang Konchog Zangpo nacque a Drakmar e lo si ritenne essere la reincarnazione del grande Sakyapa Drakpa Gyaltsen. Studiò nel monastero di Zangden e in molti altri monasteri appartenenti a svariate tradizioni differenti, specialmente Sakya. Dopo essere diventato un grande erudito, ricevette la trasmissione del Kalachakra da Kunga Lodrö e questa divenne la sua pratica prediletta. Successivamente ricevette anche molte trasmissioni esoteriche di tutte le principali tradizioni ed ottenne rapide realizzazioni. Durante la sua vita fu a capo di molti monasteri, inclusi quelli di Jonang, Tsechen, Samding e del monastero non settario di Pelkhor Dechen. Divenne così un importante detentore del lignaggio non solo della tradizione Jonang, ma anche di quella Sakya e Shangpa Kagyu.

Prego Drenchog Namkha Tsenchan.

Namkha Chökyong fu il discepolo del cuore di Jamyang Konchok e studiò in vari monasteri del Tibet centrale. Come risultato della guida ricevuta dai suoi maestri, riuscì a padroneggiare rapidamente la visione Zhentong e la pratica dei Sei Vajra Yoga. Conseguì grandi realizzazioni attraverso la pratica del Kalachakra e, in seguito, divenne l'abate del monastero Tsechen. Successivamente assunse il trono vajra del monastero Jonang dove fece costruire un tetto rivestito d'oro per il grande stupa di Dolpopa. La parola *drenchong* significa letteralmente "supremo salvatore".

Prego Panchen Namkha Palzang.

Il grande Panchen Namkha Palzang proveniva originariamente dalla tradizione Sakya. Divenne un esperto del tantra di Kalachakra dopo aver ricevuto le iniziazioni e le istruzioni da Namkha Chökyong. Ottenne grandi realizzazioni attraverso la pratica dei Sei Vajra Yoga ed in seguito fondò un monastero chiamato Drepung (da non confondere con l'università monastica di Lhasa) e divenne il nono abate del monastero Jonang. Per oltre diciotto anni fu a capo del monastero di Namgyal Draksang nello Jang dove diventò il maestro di molte figure prominenti del Tibet occidentale. Il significato letterale di *panchen* è "grande pandita" o "grande erudito."

Lochen Ratnabhadra   *Palden Kunga Drolchok*   *Kenchen Lungrig Gyatso*

Prego Lochen Ratnabhadra.

Il grande adepto Rinchen Zangpo, più comunemente noto come Lochen Ratnabhadra, fu un praticante realizzato dei tantra Nyingma. Studiò in vari monasteri importanti diventando così un erudito rispettato e conseguì grandi realizzazioni dopo aver ricevuto gli insegnamenti del Kalachakra da Namkha Palzang. Si diceva che avesse una connessione diretta con la divinità irata Mahakala e che fosse in grado di pacificare molti demoni. Negli anni successivi della sua vita Ratnabhadra fondò molti monasteri e centri di ritiro, compose un commentario importante sui Sei Vajra Yoga e restaurò il monastero del grande maestro Shangpa, Tangtong Gyalpo. La parola *lochen* significa "grande traduttore."

Prego Palden Kunga Drolchok.

Kunga Drolchok nacque a Ngari Gongtung e visse dal 1507 al 1566. Sin da giovane ebbe completa padronanza di molti insegnamenti avanzati e studiò con numerosi grandi eruditi nel Tibet centrale. Avendo una stretta connessione con la dakini illuminata Niguma, ricevette la trasmissione dei *Sei Dharma di Niguma* direttamente da lei. Padroneggiò anche gli insegnamenti e la pratica del Kalachakra che ricevette da Rinchen Zangpo ed ottenne realizzazioni straordinarie avendo molte visioni di esseri illuminati. Durante la sua vita riunì una grande varietà di insegnamenti e di pratiche, diventando un importante maestro del lignaggio di molte tradizioni. Nei quasi vent'anni in cui fu abate del monastero Jonang raccolse tutti gli insegnamenti ricevuti in un solo libro, che divenne comunemente noto come "La *quintessenza delle istruzioni di Drolchok*." Con il tempo Kunga Drolchok fu riconosciuto in tutto il territorio come un grande maestro Rimé. Verso la fine della sua vita fondò il monastero Cholung Jangtse. La parola *palden* significa "glorioso".

Prego Kenchen Lungrig Gyatso.

Kenchen Lungrig Gyatso studiò principalmente a Serdokchen, il monastero del famoso maestro Zhentong Shakya Chokden. Durante questo lasso di tempo divenne un praticante realizzato di Vajrayogini, che gli apparve in sogno. Successivamente, quando conobbe Kunga Drolchok, ricevette le complete iniziazioni, trasmissioni e istruzioni essenziali dei Sei Vajra Yoga di Kalachakra. Quando mise in pratica questi insegnamenti, ottenne considerevoli realizzazioni e poteri; per esempio era in grado di leggere il sanscrito istintivamente, senza aver mai studiato le lingue dell'India. Ebbe anche molte visioni di mahasiddha indiani, che gli conferirono vere trasmissioni degli insegnamenti. Lungrig Gyatso divenne così rispettato che perfino il nono Karmapa, Wangchuk Dorjé e il Sakya Trizin lo consideravano il "tesoro del Dharma". Il termine *kenchen* significa "grande khenpo", ossia un erudito realizzato o un responsabile monastico importante.

Preghiere ai maestri del lignaggio di Takten Damchö Ling

Kyabdak Drolway Gonpo   Ngonjang Rinchen Gyatso   Khidrup Lodrö Namgyal   Drupchen Ngawang Trinlé

Prego Kyabdak Drolway Gonpo.

Kyabdak Drolway Gonpo, più comunemente conosciuto come Jetsun Taranatha o Kunga Nyingpo, visse dal 1575 al 1635 ed è considerato uno dei più importanti maestri del lignaggio Jonang, secondo solo a Kunkyen Dolpopa. Fu riconosciuto da Lungrig Gyatso come la reincarnazione di Kunga Drolchok e ricevette la trasmissione completa degli insegnamenti e delle pratiche riunite dal suo predecessore. Dopo aver fondato l'università monastica di Takten Damchö Ling, Taranatha si dedicò a scrivere più di quaranta volumi, creando così una quantità incredibilmente vasta di Dharma che affrontava nei dettagli ogni aspetto della saggezza e della pratica esoteriche. Si dedicò anche a far rivivere la visione originale della filosofia Zhentong di Dolpopa che, a suo avviso, si era degenerata a causa della mancanza di chiarezza su alcuni punti essenziali. Pur essendo abate del monastero Jonang per molti anni, era noto viaggiare nei monasteri delle regioni circostanti per raccogliere insegnamenti, dibattere con gli eruditi e raccogliersi in ritiro per praticare. Ciò lo rese un maestro veramente non settario, una fonte di ispirazione e benedizione per chiunque lo incontrasse. La parola *kyabdak* significa "salvatore onnipresente degli esseri".

Prego Ngonjang Rinchen Gyatso.

Ngonjang Rinchen Gyatso nacque nella regione di Tsang e fu ordinato monaco da Taranatha. Progredì rapidamente nella pratica del Kalachakra e, come risultato delle sue realizzazioni, era in grado di apprendere istantaneamente le nozioni di corposi volumi. Dopo essere diventato l'abate di Takten Damchö Ling, insegnò con grande solerzia e guidò la pratica del ritiro nel monastero per quasi quindici anni. Nell'arco finale della sua vita, siccome i praticanti Jonang furono oggetto di crescenti restrizioni, Rinchen Gyatso decise di lasciare la sua posizione di abate e di andare in ritiro a Sangak Riwo Dechen. Qui continuò a dare insegnamenti ad un flusso costante di praticanti devoti che desideravano solamente praticare il prezioso Dharma. Il termine *ngonjang* significa "realizzato grazie alla disciplina di vite passate."

Prego Khidrup Lodrö Namgyal.

Khidrup Lödro Namgyal visse dal 1618 al 1683. Lo si riconobbe come una reincarnazione della madre di Dolpopa e divenne uno studente di Taranatha all'età di sedici anni. In seguito a molti anni di pratica del Dharma ricevette la completa ordinazione da Rinchen Gyatso e, dopo averne ricevuto le iniziazioni, fu spesso guidato dalle visioni di Tara Bianca. Si dice che in una occasione impressionò particolarmente il grande quinto Dalai Lama dopo aver discusso con lui la sua realizzazione della visione Zhentong. Più tardi nel corso della sua vita, Lödro Namgyal fu invitato ad insegnare il tantra di Kalachakra durante l'inaugurazione del nuovo monastero di Dzamthang Tsangwa. Il termine *khidrup* vuol dire letteralmente "yogi-erudito", una persona che ha un grande sapere e che ha anche conseguito realizzazioni.

Prego Drupchen Ngawang Trinlé.

Drupchen Ngawang Trinlé visse dal 1657 al 1713 e fu profetizzato che avrebbe avuto un grande impatto nella diffusione del Dharma autentico di Dolpopa. Quando aveva sedici anni divenne il reggente di Lödro Namgyal e praticò i Sei Vajra Yoga sotto la sua guida. Trascorse sei anni in ritiro nella Caverna di Amitabha, dopodiché viaggiò e insegnò estesamente. In questo lasso di tempo divenne il direttore di molti monasteri, guidando la pratica del ritiro di Kalachakra e componendo molti testi, come la recitazione dei sette preliminari del Kalachakra. Inoltre ricevette insegnamenti da lama appartenenti a tutte le diverse tradizioni e divenne così noto per essere un grande maestro Rimé. Trascorse l'arco finale della sua vita a Dzamthang Tsangwa, dove era stato invitato a insegnare. Ordinò una grande comunità monastica e fu il responsabile della fondazione di numerosi nuovi monasteri e di centri di ritiro nelle regioni di Ngawa e Gyalrong. Mentre stava attraversando la Mongolia, nel suo viaggio di ritorno verso il Tibet centrale, costituì numerosi monasteri su richiesta dell'imperatore.

Preghiere ai maestri Vajra del monastero Dzamthang Tsangwa

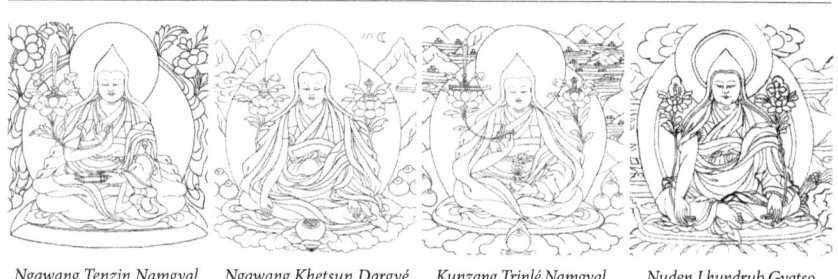

| Ngawang Tenzin Namgyal | Ngawang Khetsun Dargyé | Kunzang Trinlé Namgyal | Nuden Lhundrub Gyatso |

Prego Ngawang Tenzin Namgyal.

Ngawang Tenzin Namgyal, noto anche come Gawi Chöpel, nacque nel 1690. Fu riconosciuto come la prima reincarnazione del famoso Lodrö Namgyal. All'età di appena dieci anni ricevette molti insegnamenti da Chalongwa Ngawang Trinlé, incluse le istruzioni essenziali dei Sei Vajra Yoga. A sedici anni fu ordinato e continuò a dedicarsi alla pratica raggiungendo molte realizzazioni straordinarie. Su richiesta di Chöje Gyalwa Lhundrup, Tenzin Namgyal si trasferì nel monastero di Dzamthang Tsangwa dove iniziò ad insegnare i Sei Vajra Yoga in qualità di primo maestro Vajra residente. Sotto la sua guida molti studenti conseguirono visioni e altre realizzazioni. Come Dolpopa prima di lui, fu molto influente nella società ma, sfortunatamente, nel 1738, all'età di quarantotto anni, morì dissolvendo la sua mente nel dharmadhatu. Il termine *ngawang* significa "grande erudito dotato di potente eloquio", è un epiteto che collega la persona alla saggezza di Manjushri.

Prego Ngawang Khetsun Dargyé.

Ngawang Khetsun Dargyé fu il secondo detentore del lignaggio del Kalachakra nel monastero Tsangwa. Era famoso per la sua vasta conoscenza del Dharma, la sua condotta morale perfetta e le sue profonde realizzazioni interiori. In particolare possedeva una comprensione profonda della pratica dei Sei Vajra Yoga ed ebbe numerosi discepoli eccellenti, quali Kunga Chöpel e Chayur Chöjor.

Prego Kunzang Trinlé Namgyal.

Kunzang Trinlé Namgyal nacque nel Tibet orientale e fu riconosciuto come la seconda reincarnazione del fondatore del monastero Tsangwa, Lodrö Namgyal. Sin da giovane stabilì una connessione con molti esseri santi, compreso il suo Lama radice Ngawang Khetsun Dargyé. Ricevette innumerevoli iniziazioni e istruzioni ed ottenne delle realizzazioni eccezionali grazie a una pratica solerte dei Sei Vajra Yoga. Perfino il Karmapa, uno dei lama più elevati del Tibet, viaggiò fino nell'Ü-Tsang, percorrendo una grande distanza per fargli visita e ricevere i suoi insegnamenti. La parola *kunzang* significa "che possiede tutte le buone qualità".

Prego Nuden Lhundrub Gyatso.

Nuden Lhundrub Gyatso fu il discepolo più influente di Kunzang Trinlé Namgyal. Era molto esperto nella pratica del calore interno (tummo) e sviluppò un potere tantrico irato invincibile mediante il quale era in grado di controllare tutti i demoni e le divinità locali. Fu il responsabile della fondazione del monastero Tsangwa Minore e portò a termine molte attività illuminate con l'assistenza di Jinpa Gyatso (la seconda reincarnazione di Ngawang Trinlé). Il significato letterale del vocabolo *nuden* è "che possiede grande energia e potere curativo".

| Konchok Jigmé Namgyal | Ngawang Chöpel Gyatso. | Ngawang Chökyi Pakpa | Ngawang Chöjor Gyatso |

Prego Konchok Jigmé Namgyal.

Konchok Jigmé Namgyal nacque nella Valle di Markok e fu considerato essere la terza reincarnazione di Lodrö Namgyal. Stabilì una connessione con molti maestri ed esseri santi, specialmente con Lhundrub Gyatso, che fu anche suo fratello in una vita passata. Oltre ad essere un maestro degli insegnamenti del Kalachakra, ricevette anche gli insegnamenti della dakini Niguma e, come risultato del suo studio e della sua pratica ineccepibili, sviluppò molte qualità eccezionali. La parola *konchok* significa letteralmente "raro e sublime", mentre *jigmé* significa "intrepido".

Prego Ngawang Chöpel Gyatso.

Ngawang Chöpel Gyatso, noto anche come Tsangwa Gelong, nacque nel 1788 e si formò nel monastero di Dzamthang Tsangwa a partire dall'età di dieci anni. Studiò con molti maestri e ricevette la prima trasmissione dei Sei Vajra Yoga da Lama Ngawang Gyaltsen quando aveva ventidue anni. Durante un ritiro di tre anni ottenne una grande realizzazione dei primi due yoga e, in seguito, ricevette la trasmissione completa da Jigmé

Namgyal. Molti altri lama gli impartirono insegnamenti come lo Dzogchen e i Sei Dharma di Niguna. Fu anche famoso per le sue straordinarie abilità di chiaroveggenza. Più tardi nella sua vita, Chöpel Gyatso insegnò e viaggiò estesamente, diventando uno degli istruttori principali dei grandi maestri Rimé Jamgon Kongtrul e Patrul Rinpoche. Morì nel 1865 nel mezzo di innumerevoli arcobaleni che apparvero nel cielo, una testimonianza consona alla sua grande realizzazione. La parola *chöpel* significa letteralmente "detentore eccellente del Dharma".

Prego Ngawang Chökyi Pakpa.

Ngawang Chökyi Pakpa nacque nel 1808 nella regione di Zuka e fu ordinato da Konchok Jigmé Namgyal all'età di sette anni. Era particolarmente esperto nella pratica dei primi due Vajra Yoga. Durante un ritiro ebbe visioni del re Kalki Pundarika, di Kukyen Dolpopa, di Shambhala e del terra pura di Sukhavati. A venticinque anni aveva studiato oltre cento mandala e ne aveva memorizzato tutti i dettagli, diventando così un maestro del rituale molto ricercato. Tante delle descrizioni particolareggiate dei mandala impiegati attualmente nei rituali Jonang sono da attribuire a lui. Come maestro Vajra di Dzamthang Tsangwa, Chökyi Pakpa fu il responsabile della costruzione di una grande sala di preghiera. Morì nel 1877 senza alcun segno di malattia o di dolore, rimanendo per molti giorni nell'unione della chiara luce di madre e figlio.

Prego Ngawang Chöjor Gyatso.

Ngawang Chöjor Gyatso nacque nel 1846 e ricevette gli insegnamenti e l'iniziazione di Kalachakra dal Gelong di Tsangwa, Chöpel Gyatso. In un'occasione, mentre stava ricevendo questa iniziazione, vide il Lama sotto l'aspetto di Kunkyen Dolpopa e sperimentò la mente non duale del Buddha. Praticò con impegno i Sei Vajra Yoga ed ottenne molte grandi realizzazioni, compreso lo sviluppo di poteri magici nei suoi sogni e la continua percezione del suo corpo nello stato di chiara luce. All'età di quarantacinque anni divenne il maestro Vajra di Kalachakra del monastero Tsangwa. Morì nel 1910.

TESORO NASCOSTO

Preghiere ai maestri del lignaggio del monastero Tashi Chöthang

| Ngawang Chözin Gyatso | Ngawang Tenpa Rabgyé | Lama Lobsang Trinley | Khentrul Jamphal Lodrö |

Prego Ngawang Chözin Gyatso.

Ngawang Chözin Gyatso, noto anche come Lama Washul Lhazö, fu considerato una emanazione di Akashagarbha, uno degli otto grandi bodhisattva. Studiò al monastero Dzamthang Tsangwa dove ricevette tutte le istruzioni relative ai Sei Vajra Yoga, principalmente dal Gelong di Tsangwa. Compose molte pratiche e commentari di rituali e, in una occasione, rivelò che milioni di divinità si stavano emanando dal suo corpo. Le sue realizzazioni erano così profonde da essere in grado di eseguire azioni miracolose come camminare attraverso le pareti e viaggiare nelle terre pure, come ad esempio Shambhala, per ricevere insegnamenti. Numerose pratiche che gli furono rivelate in questo modo si usano tutt'oggi nei monasteri Jonang. Dopo aver trascorso molto tempo viaggiando in qualità di rappresentante del monastero Tsangwa, Chözin Gyatso andò in ritiro nell'eremo che sarebbe, in seguito, diventato il monastero Tashi Chöthang. In questo monastero impartì insegnamenti a molti grandi maestri, tra i quali Tenpa Rabgye e Bamda Gelek Gyatso. Dopo la sua morte, nello stupa crematorio furono rinvenuti due gruppi completi di ossa, indicando che aveva ottenuto la più grande delle realizzazioni, l'unione di beatitudine immutabile e forma-vuota.

Prego Ngawang Tenpa Rabgyé.

Ngawang Tenpa Rabgyé nacque nel 1875. Ricevette tutte le istruzioni dei Sei Vajra Yoga da Ngawang Chözin Gyatso e conseguì molti segni che indicavano la sua maestria nella pratica. Praticò anche molti altri tantra

INVOCAZIONE COMPLETA DEL LIGNAGGIO DEL VAJRA YOGA

ed ebbe innumerevoli visioni delle diverse divinità tantriche. All'età di venticinque anni studiò e praticò nel monastero Dzamthang Tsangwa. A cinquantasei anni divenne abate del monastero Chayul e, successivamente, fu abate e maestro di Kalachakra nel monastero Tashi Chöthang. Visse una vita molto umile e non aveva alcun interesse per la ricchezza o la posizione sociale. Morì a sessantasei anni, rimanendo nello stato di chiara luce per sei giorni.

Prego il dissipatore dell'oscurità, il prezioso Lama Lobsang Trinley.

Lama Ngawang Lobsang Trinley nacque nel 1917 nella valle di Zuka della regione di Kham nel Tibet sudorientale. All'età di quattordici anni studiò nel monastero Chayul sotto la guida di Ngawang Tenpa Rabgyé. Si concentrò intensamente sulla pratica di Kalachakra ed ottenne i dieci segni di realizzazione in due settimane. Verso i trent'anni contrasse la lebbra e, per questo motivo, si ritirò in isolamento per cinque anni praticando Vajrapani. Durante il ritiro la sua malattia si manifestò nella forma di migliaia di vermi che uscivano fuori dal suo corpo e, dissolvendosi, si trasformavano in torma. Trascorse il resto della sua vita trattando e curando molte persone malate di lebbra e di altre malattie. Lavorò senza tregua per ripristinare nella loro forma pura il buddhismo Mahayana e Vajrayana e per ricostruire il monastero Chöthang che era stato in gran parte distrutto dalle battaglie. Benché sembrasse essere in buona salute, morì nel 1999, secondo le sue predizioni. La sua morte fu accompagnata da molte apparizioni miracolose e, dopo tredici giorni, il suo corpo non mostrava segni di deterioramento. Lama Ngawang Lobsang Trinley lasciò tutte le sue preziose reliquie al Palazzo di Potala a Lhasa, senza tenerne nemmeno una nel suo monastero.

Prego il guerriero del Dharma Khentrul Jamphal Lodrö.

Khentrul Jamphal Lodrö nacque nel diciottesimo giorno del secondo mese dell'anno del Coniglio d'Acqua. La sua famiglia apparteneva alla comunità nomade della provincia di Golok nel Tibet orientale. Fu riconosciuto come l'incarnazione del maestro di sua madre, Getse Khentrul, che nella sua vita passata fu il maestro di Kalachakra Ngawang Chözin

Gyatso. All'età di dodici anni iniziò i suoi approfonditi studi e pratiche del Dharma sotto la guida di Khenpo Sangten e di molti altri lama. Frequentò undici monasteri nel Tibet orientale, studiando in modo completo tutte le cinque tradizioni buddhiste e intraprese un ritiro di Kalachakra di tre anni nel monastero Chöthang sotto la guida del suo maestro principale, Lama Lobsang Trinley. Nel 1997 Lobsang Trinlé gli conferì il titolo di Khenpo, autorizzandolo così a insegnare. Due anni dopo l'abate del monastero Dzamthang Tsangwa lo scelse per insegnare in quel monastero. Ben presto però Khentrul Jamphal Lodrö decise di abbandonare la sua posizione prestigiosa per trascorrere il tempo in ritiro solitario prima di iniziare, nell'anno 2000, un pellegrinaggio in India per praticare in numerosi luoghi sacri buddhisti.

Dopo varie udienze private con Sua Santità il Dalai Lama, nel 2003 si trasferì in Australia. Il suo scopo era quello di trasmettere gli insegnamenti rari e preziosi del Kalachakra e di diffondere la tradizione Jonang in occidente. Il titolo di *khentrul* significa "erudito del Dharma" o "abate" e "reincarnazione riconosciuta". Il nome *Jamphal Lodrö* vuol dire "gentile e glorioso Manjushri", il bodhisattva della saggezza. Durante il tempo trascorso in occidente, Khentrul Jamphal Lodrö ha fatto un grande sforzo per imparare la lingua inglese in modo da trasmettere efficacemente il prezioso Dharma della tradizione Jonang ai suoi studenti.

Ulteriori suppliche al Lama

Prego il mio principale Lama radice.
Prego il mio glorioso Lama.
Prego tutti i Signori del Dharma.
Possano tutti i padri spirituali e i loro figli del cuore benedirmi!

Questo verso ci sprona ad avere un atteggiamento di profondo rispetto e onore per il Lama e tutti i maestri del lignaggio, o Signori del Dharma, compresi i padri spirituali ed i loro figli del cuore poiché il lignaggio è stato trasmesso da maestro a discepolo da generazione in generazione. In questo caso *Lama* non si riferisce solo a un maestro "radice", ma a qualsiasi persona dalla quale abbiate ricevuto iniziazioni o insegnamenti.

Chiunque onori ed abbia una devozione duratura per il prezioso Lama gli porga suppliche e gli renda omaggio costantemente in questa vita. Possa io essere benedetto dalla saggezza primordiale del guerriero compassionevole.

Il verso successivo ci rammenta dei benefici derivanti dal ricordarsi di questi Lama e dal coltivare devozione e gratitudine nei loro confronti. Il semplice ricordarli evoca le vostre buone qualità e, per questo motivo, è fonte di pace. Allo stesso tempo, nutrire gratitudine e devozione a vita nei loro confronti condurrà a un beneficio ancora maggiore. Anche da una prospettiva ordinaria, la gratitudine e l'apprezzamento sono fonti della propria stessa felicità. Tale gratitudine può anche crescere, diventare una devozione straordinaria e condurvi all'illuminazione. Questo è ciò che si intende con l'espressione "saggezza primordiale del guerriero compassionevole".

In tutte le mie vite future possa io non essere mai separato dal mio glorioso Lama.
Possa rigioire nella mia pratica del prezioso Dharma.
Possa realizzare tutti i sentieri che portano all'illuminazione e raggiungere rapidamente lo stato di Vajradhara!

Quando pregate di non essere mai separati dal vostro glorioso Lama, date mostra di grande onore e devozione verso i vostri maestri. Inoltre, se avete una forte connessione o un forte legame karmico con i vostri insegnanti e con i vostri amici di Dharma, è probabile che li incontrerete di nuovo, vita dopo vita. Se non vi separate dal Sangha (che include tutti i grandi esseri Arya e ogni praticante che segua gli insegnamenti del Buddha), non sarete mai separati dal prezioso Dharma e proverete grande gioia a praticarlo. Gradualmente sarete in grado di completare tutti i sentieri che portano all'illuminazione, passando attraverso i vari livelli di realizzazione e raggiungendo, alla fine, lo stato di Vajradhara – l'illuminazione completa.

TESORO NASCOSTO

(Sii risoluto che i lama del santo lignaggio si dissolvono in luce e benedicono il tuo continuum mentale)

Tutte queste pratiche preliminari constano di due stadi: costruire una visualizzazione connettendosi con l'oggetto della pratica e poi dissolvere ciò che avete creato, riconoscendo che è solo un prodotto della vostra mente. In questo caso i Lama del santo lignaggio, il punto focale della vostra visualizzazione, si dissolvono o si sciolgono in luce e poi benedicono il vostro continuum mentale, diventando inseparabili dalla vostra mente. Durante la visualizzazione addestrate la mente a livello della verità relativa, quello delle apparenze. Mentre dissolvete la vostra visualizzazione imparate a riconoscere la natura vuota di queste apparenze, la verità ultima.

PARTE SECONDA

Preliminari interni

— *Il campo di Rifugio Jonang* —
L'assemblea dei sublimi oggetti di rifugio

CAPITOLO 4
Rifugio e prostrazioni

La presa di rifugio è la prima delle cinque pratiche preliminari. Dopo aver contemplato le quattro certezze della rinuncia ci pervade una sensazione di terrore al prospetto di permanere nel samsara anche un secondo in più del necessario. Ma questo timore è accompagnato dalla grande speranza che la liberazione è davvero possibile se riponiamo la nostra fede e fiducia nei Tre Gioielli. Più specificamente ciò significa avere fede nel *Buddha* quale nostra guida, nel *Dharma*, ossia negli insegnamenti che il Buddha ha impartito e nel *Sangha*, ovvero nei nostri compagni spirituali. Senza prendere rifugio non è possibile seguire il sentiero del Buddha verso l'illuminazione. Per questo motivo la presa di rifugio è considerata il fondamento di ogni percorso buddhista.

Prendere rifugio significa creare una connessione spirituale con tutti i grandi esseri illuminati che incarnano le qualità della Buddhità e impegnarsi a seguire gli insegnamenti che questi grandi esseri hanno trasmesso attraverso un lignaggio autentico. Potremmo considerare il Buddha come un dottore, il Dharma come la medicina che il dottore vi prescrive ed il Sangha come le infermiere che vi accudiscono mentre siete malati. Il Sangha comprende sia gli Arya Sangha altamente realizzati (coloro che hanno visto la verità della vacuità e sono sul cammino verso l'illuminazione) sia i vostri amici spirituali, quegli esseri ordinari che vi accompagnano nel percorso. Benché il Sangha fornisca le condizioni propizie per la crescita, alla fine dipende solo da voi prendere la medicina e mettere in pratica le istruzioni presentate dal Dharma.

In generale possiamo parlare di due tipi di rifugio: provvisorio e definitivo. Il primo consiste nel pregare e nel fare prostrazioni ai Tre Gioielli con intensa fede e con la motivazione di liberare tutti gli esseri. A questo livello, fede significa avere completa fiducia e convinzione negli insegnamenti, il che costituisce la base per consentire alle benedizioni del campo di Rifugio di pervadervi. Per quanto riguarda la motivazione, l'atteggiamento migliore è quello di prendere rifugio per liberare tutti gli esseri senzienti dall'esistenza ciclica. A livello definitivo prendete rifugio nella vostra natura di Buddha e nel suo potenziale di manifestarsi come i tre kaya del Buddha. In questo modo utilizziamo il rifugio provvisorio come uno specchio per riflettere il rifugio definitivo.

La seguente pratica è suddivisa in tre parti: stabilire la visualizzazione del rifugio, recitare le preghiere del rifugio mentre facciamo le prostrazioni ed infine dissolvere il campo di Rifugio.

VISUALIZZAZIONE DEL RIFUGIO

Com'è consuetudine con tutto ciò che è nuovo, i dettagli di questa visualizzazione del rifugio, all'inizio, potrebbero sembrare terribilmente complessi. Tuttavia ogni singolo dettaglio racchiude molti livelli di significato, per cui è importante mantenerne invariate tutte le caratteristiche. Impegnandosi duramente e con molta pratica, sarete sicuramente in grado di svelare questi strati di profondo significato spirituale. Dovreste mirare a sviluppare una visualizzazione vibrante, chiara e viva ed allo stesso tempo ancorata alla comprensione della sua natura non-duale. Non vi preoccupate se avete delle difficoltà con la componente visiva. Semplicemente concentrate la vostra attenzione sulla sensazione che tutti questi oggetti di rifugio si stiano davvero manifestando nello spazio davanti a voi e cercate di percepirne la presenza. Alla fine la cosa più importante consiste nell'essere sempre più consapevoli del significato di questi oggetti in relazione con la vostra pratica.

> *Per prendere rifugio, fondamento di tutta la pratica del Dharma, per prima cosa vai in un posto isolato e tranquillo e poni la mente nel suo stato naturale, rilassato e concentrato. Visualizza lo spazio di fronte a te come una terra pura o un regno illuminato, vasto e sconfinato.*

Il primo passo consiste nel cercare di dissolvere ogni apparenza ordinaria e nel pensare al vostro ambiente circostante come a un regno puro

RIFUGIO E PROSTRAZIONI

o illuminato, vasto e sconfinato. Questo regno puro è scevro da ogni concetto ordinario determinato come, ad esempio, grande o piccolo e gli oggetti di questo regno non sono limitati ad avere un unico aspetto. Ciò lo si raggiunge ponendo la mente nel suo stato naturale: rilassato ma concentrato. Potete creare questa sensazione di apertura focalizzandovi sullo spazio intorno a voi o fermando la mente sul centro del vostro cuore alla fine di ogni espirazione.

> *Al centro di questo reame c'è un grande palazzo fatto di varie sostanze preziose e adorno con splendidi gioielli e ornamenti. Al centro del palazzo c'è un enorme albero che esaudisce i desideri le cui vaste fronde drappeggianti di meravigliose foglie, fiori e frutta si diramano nel palazzo. In cima a questo albero c'è un magnificente trono sorretto da leoni. Sopra questo trono c'è un loto multicolore con un disco di sole, luna, Rahu e Kalagni.*

Le sostanze preziose e gli ornamenti che fregiano il grande palazzo simboleggiano la perfezione e la purezza dell'ambiente. L'albero che esaudisce i desideri rappresenta una base con fondamenta molto solide e l'unità di tutti gli esseri illuminati, mentre i rami, le foglie e i fiori contraddistinguono i diversi aspetti manifestati per esaudire i desideri di ogni essere. Il trono di leoni è il simbolo della maestà e del potere, il loto rappresenta la purezza mentre i dischi di sole e luna simboleggiano la saggezza e la compassione.

Il Lama radice

I Lama del lignaggio

TESORO NASCOSTO

Il proprio Lama radice è seduto sul trono nella forma di Vajradhara blu; regge un vajra e una campana incrociati all'altezza del suo cuore. Il Buddha primordiale siede sulla sommità del capo del Lama radice.

Vajradhara è la forma tantrica dell'illuminazione com'è stato precedentemente descritto nell'invocazione dei maestri del lignaggio. Rappresenta la mente illuminata del vostro Lama radice e gli viene assegnata questa posizione centrale in quanto è la vostra connessione diretta per raggiungere l'illuminazione.

Gli yidam — *I Buddha nirmanakaya*

Sui rami dell'albero, tutt'intorno al vostro maestro Vajra, ci sono i trentacinque re del Dharma di Shambhala e gli yidam del Supremo Yoga Tantra, tra cui Kalachakra. Gli yidam delle quattro classi del tantra sono disposti attorno a loro.

Nelle preghiere iniziali ci siamo concentrati in modo specifico sui Lama del lignaggio. Ora includiamo anche gli yidam, che sono le forme di Buddha tantriche, per lo più di aspetto irato, che vi assistono nel raggiungimento delle realizzazioni tantriche. Ogni yidam rappresenta un insieme diverso di qualità illuminate di cui potete servirvi per concentrare la mente e attivare il vostro potenziale nascosto.

Buddha Shakyamuni siede sotto gli yidam.

I Buddha sono esseri totalmente illuminati, onniscienti ed onnipresenti. Si manifestano nei tre tempi – passato, presente e futuro – e nelle dieci direzioni – le quattro direzioni cardinali, le direzioni intermedie, alto e basso – a seconda dei meriti degli esseri. Tra i Buddha sono inclusi Buddha Shakyamuni ed anche i Buddha passati e futuri come Dipankara e Maitreya.

Gli Arya bodhisattva   *Gli arhat shravaka e pratyeka*

Alla sua destra, sui rami dell'albero, c'è l'Arya Sangha Mahayana degli otto bodhisattva, inclusi Maitreya, Manjushri e Avalokiteshvara.

L'Arya Sangha dei bodhisattva consiste in coloro che percorrono il cammino verso la Buddhità e hanno realizzato direttamente la profonda visione della vacuità, come per esempio Avalokiteshvara, il bodhisattva della compassione e Manjushri, il bodhisattva della saggezza. L'unico desiderio di questi esseri sublimi è quello di condurre tutti alla Buddhità, motivo per cui li potete considerare come vostre guide e protettori personali.

Alla sua sinistra c'è l'Arya Sangha Hinayana degli shravaka e dei pratyeka, come Shariputra.

Prendiamo rifugio anche nell'Arya Sangha degli shravaka e dei pratyeka. Gli *shravaka*, chiamati anche *ascoltatori*, ascoltano gli insegnamenti del Buddha e così conseguono lo stato di arhat o la liberazione individuale, seguendo il percorso che oggi è praticato nella tradizione Theravada. I *pratyeka*, chiamati anche *realizzatori solitari*, trovano la loro liberazione individuale analizzando la verità dell'origine interdipendente senza fare direttamente affidamento sugli insegnamenti di un Buddha.

Le dakini della saggezza *I protettori irati del Dharma*

Alla base di questo albero c'è un oceano di dakini e di protettori del Dharma dotati dell'occhio di saggezza, che custodiscono i preziosi insegnamenti. Essi appaiono nell'azione di proteggerti.

Le dakini, chiamate *khandro* in tibetano, letteralmente sono "coloro che camminano nel cielo", ovvero forme femminili divine con l'abilità di assistere i praticanti sinceri. Incarnano un tipo di energia spirituale che salvaguarda il vostro progresso spirituale e aiuta a superare gli ostacoli interni alla vostra pratica. I protettori del Dharma invece sono forme irate che vi proteggono da ostacoli esterni e forze avverse; incarnano un tipo di energia spirituale che impedisce alle negatività di entrare, come una recinzione di ferro attorno a voi. Le dakini e i protettori del Dharma vi circondano come un oceano, assicurandosi che riceviate sempre protezione spirituale.

Dietro i rami, il santo Dharma appare sotto forma di preziosi testi dorati.

Infine, il gioiello del Dharma è rappresentato da preziosi testi di colore dorato che potete immaginare mentre scandiscono il meraviglioso suono del Dahrma, specialmente gli insegnamenti definitivi sulla natura di Buddha ed il glorioso tantra di Kalachakra.

Sii certo che tutto ciò che visualizzi è realmente così. Nello stesso tempo, sii determinato nel prendere rifugio per il beneficio di tutti gli esseri senzienti con grande fervore e devozione verso il lama, i Tre Gioielli e l'oceano dei protettori spirituali.

Anche se non riuscite a ricordare tutti i dettagli, dovreste essere convinti che ogni cosa visualizzata è davvero così e non un semplice esercizio di immaginazione. Essendo entrati nel sentiero del Mahayana, non state prendendo rifugio da soli ma con tutti gli esseri, che sono intimamente connessi con voi in quanto sono stati le vostre madri, i vostri compagni, amici e parenti nel corso di infinite vite passate. Per questo motivo, potete visualizzare vostro padre alla vostra destra, vostra madre alla vostra sinistra, i vostri nemici di fronte a voi (dando loro una posizione d'onore per avervi aiutato a sviluppare la pazienza) e le forze ostacolatrici occulte dietro di voi. Estendendo questa visualizzazione ad ogni essere immaginabile nel samsara, guidate tutti loro nel prendere assieme rifugio nei Tre Gioielli. L'oceano di protettori spirituali si riferisce all'intera assemblea del rifugio – il Lama radice, i Lama del lignaggio, gli yidam, le dakini, i protettori del Dharma e l'Arya Sangha.

Mentre sviluppate la vostra visualizzazione assicuratevi di non dimenticare che i Lama, gli yidam, i Buddha e così via non sono qualcosa di esterno a voi, come una specie di dio, bensì sono un riflesso di un aspetto importante della vostra natura di Buddha che appaiono in forme diverse per guidarvi, ma rimangono un'unità nella loro natura di saggezza.

Quindi prega con forte compassione e ferma intenzione di liberare tutti gli esseri, desiderando ardentemente che possano trovare protezione dalle sofferenze del samsara.

In accordo con il sentiero del Mahayana, non prendete rifugio soltanto perché cercate la liberazione dal samsara ma perché desiderate che tutti gli esseri trovino protezione dalla sofferenza samsarica. Mentre fate la pratica del rifugio potete pertanto pregare intensamente con grande compassione e intenzione risoluta: "Che meraviglia se tutti potessero essere liberi. Possano tutti essere liberi. Li aiuterò a trovare la libertà. Prego i Tre Gioielli affinché tutti possano trovare la libertà".

Recitazione delle preghiere del rifugio mentre fate le prostrazioni

(Mantenendo stabile questa visualizzazione quanto più possibile, recita una volta la presa di rifugio lunga e poi ripeti tre volte o più la presa di rifugio breve mentre fai le prostrazioni complete. Le prostrazioni complete sono richieste solo se la presa di rifugio è la tua pratica principale)

Dopo aver stabilito la visualizzazione, continuando a mantenerla presente nella vostra mente, dovreste recitare una volta la preghiera del rifugio lunga e poi ripetere la preghiera del rifugio breve per almeno tre volte mentre fate le prostrazioni complete. Durante le prostrazioni dovreste riempire la mente di pensieri straordinari, ricordando tutte le prodigiose qualità di questi preziosi Tre Gioielli.

Presa di rifugio lunga

Per il beneficio di tutti gli esseri senzienti nostre madri, infiniti come lo spazio, da ora fino al raggiungimento dell'essenza dell'illuminazione, prendo rifugio nella nobile radice e nei Signori del lignaggio del Dharma, i gloriosi puri Lama, che incarnano corpo, parola, mente, qualità e azioni dei Buddha dei tre tempi e delle dieci direzioni e sono la fonte degli 84,000 Dharma e Signori del nobile Arya Sangha.

Non esiste un solo essere nel samsara che non sia stato nostra madre sin da tempo immemorabile e, come madre, ci ha amato con ogni possibile gentilezza, tenerezza, affetto e premura. Come lo spazio è infinito, così lo è anche il numero di gentili madri esseri senzienti, che si trovano dappertutto, proprio come lo spazio. È per il loro bene che prendete rifugio fino al raggiungimento dell'illuminazione.

In questa pratica il Lama, il nostro maestro umano che è la nostra connessione diretta con l'illuminazione, è considerato il perfetto oggetto di rifugio in quanto incarna le qualità e le azioni di tutti i Buddha ed è il veicolo mediante il quale ascoltiamo il Dharma. Per questo motivo il

Lama è la nostra connessione con gli 84.000 Dharma che il Buddha insegnò come rimedi per le 84.000 afflizioni mentali che originano dalle tre illusioni radice – attaccamento, avversione ed ignoranza. Il Lama è anche il Signore del nobile Arya Sangha, essendo il nostro collegamento con infiniti esseri di alto livello che hanno il potere di proteggerci e di guidarci.

Presa di rifugio breve

Prendo rifugio nei Signori del Dharma, i gloriosi Lama.
Prendo rifugio nel mandala illuminato degli yidam.
Prendo rifugio nei Bhagavan, i perfetti Buddha.
Prendo rifugio nell'immacolato santo Dharma.
Prendo rifugio nel nobile Arya Sangha.
Prendo rifugio nelle dakini e nei protettori del Dharma che tutto vedono.

(Da recitare tre volte o più se vi state focalizzando sulla pratica della presa di rifugio)

Recitate ogni riga ripetendola continuamente per tutta la durata di una singola prostrazione. Ad esempio, ripetete più volte "Prendo rifugio nei Signori del Dharma, i gloriosi Lama" fino a che non avete eseguito una prostrazione completa. Analogamente, continuate a recitare "Prendo rifugio nel mandala illuminato degli yidam" mentre fate un'altra prostrazione e così via per le righe restanti.

Mentre eseguite le prostrazioni potete pensare alla sofferenza di tutte le madri esseri senzienti e aspirare ad agire senza sosta per il loro beneficio. Si dovrebbero eseguire sei prostrazioni per ogni recitazione completa della presa di rifugio breve, ma quello che conta è lo stato mentale che si genera con la pratica e non il numero preciso di prostrazioni.

Nella tradizione Jonang le sessioni della pratica del rifugio durano fino a due ore e le preghiere e le prostrazioni di solito vengono fatte congiuntamente per un totale di 100.000 volte. Questa pratica serve a sviluppare il nostro abbandono ai Tre Gioielli e il nostro impegno nei loro confronti ed è anche un modo efficace per distruggere il nostro orgoglio.

TESORO NASCOSTO

La dissoluzione del campo di Rifugio

Una volta completata una sessione si recita il seguente verso per tre volte:

Rendo omaggio e prendo rifugio nel Lama e nei Tre Preziosi Gioielli. Vi prego, benedite il mio continuum mentale!

Con questi versi si passa alla parte finale della pratica chiedendo al Lama e ai Tre Preziosi Gioielli di benedire il vostro continuum mentale e, quindi, di colmarvi delle loro buone qualità. Queste qualità continueranno a crescere nel vostro continuum mentale fino a che non raggiungerete l'illuminazione. A differenza delle cinque coscienze sensoriali, questa coscienza mentale può essere sviluppata all'infinito ed è proprio questo che rende possibile l'illuminazione.

Se il rifugio è la vostra pratica principale, il passaggio finale è quello di dissolvere il campo di Rifugio, visualizzando tutti gli oggetti che si dissolvono in luce e poi si fondono nel vostro continuum mentale e anche nelle menti di tutti gli altri esseri senzienti. Questa è la pratica ultima del rifugio mediante la quale imparate a riconoscere che non esiste più un "io" indipendente dagli "altri".

Di solito questo processo si svolge in quattro fasi: (1) per prima cosa i Lama radice e i Lama del lignaggio vi benedicono con raggi di luce scintillanti. Poi ricevete le benedizioni degli yidam e, successivamente, dei Buddha, dei testi del Dharma, del Sangha, delle dakini e dei protettori del Dharma. (2) Raggi di luce si irradiano dall'intero campo di Rifugio verso i regni di Buddha per purificare le impurità di tutti gli esseri senzienti che, in questo modo, diventano tutti Buddha. (3) Le dakini e i protettori del Dharma si dissolvono nel Sangha che a sua volta si dissolve nei testi del Dharma. Questi si dissolvono nei Buddha, i Buddha negli yidam, gli yidam nei maestri del lignaggio e infine questi si dissolvono nel Lama radice Vajradhara. Anche il vasto palazzo e l'albero che esaudisce i desideri si dissolvono in Vajradhara. (4) In conclusione, Vajradara si colloca sulla sommità del vostro capo dissolvendosi attraverso il chakra della corona e si stabilisce nel vostro chakra del cuore.

L'idea è semplicemente quella di osservare ciò che sta succedendo e cercare di rendersi conto che ognuno di questi oggetti è, in realtà, inseparabile dalla vostra mente. Si tratta di un processo analogo all'acqua versata nell'acqua, seppur all'inizio il tutto potrà sembrare più solido. Dopo aver praticato in questa maniera per un po' di tempo, la solidità della visualizzazione verrà meno ed alla fine sarà come rompere un vaso e osservare che lo spazio all'interno del vaso si unisce allo spazio esterno.

Se la presa di rifugio non è la vostra pratica principale, continuate a mantenere la visualizzazione del campo di Rifugio mentre passate alla prossima pratica preliminare e dissolvete il campo al termine della pratica della bodhicitta.

Dedica

Attraverso il potere di questa virtù, possa io completare l'accumulazione dei meriti e della saggezza e ottenere così i due corpi dell'illuminazione per il beneficio di tutti gli esseri.

Come in ogni pratica del Mahayana, terminate dedicando la virtù o i meriti che avete accumulato in modo che tutti gli esseri possano raggiungere l'illuminazione. I meriti sono l'energia positiva che deriva dall'esecuzione di questa pratica o dal fare qualsiasi azione virtuosa con una buona intenzione. La saggezza, invece, consiste nel realizzare che la natura ultima di ogni fenomeno relativo è vuota di una vera esistenza e ciò si raggiunge mediante la contemplazione e la pratica meditativa profonde. La saggezza e i meriti sono le cause che permettono di conseguire i due kaya dell'illuminazione – il dharmakaya, ovvero la saggezza primordiale che vede la vera natura di tutti i fenomeni e il rupakaya, ovvero la manifestazione compassionevole della forma illuminata per il beneficio di tutti gli esseri. Il rupakaya include gli aspetti del sambhogakaya e del nirmanakaya del Buddha.

Se non dedicate i meriti della vostra pratica sarà come se lasciaste dei soldi sul davanzale della finestra, dove possono essere facilmente rubati o portati via dal vento. Dedicare i meriti per l'illuminazione, invece, è come investire il denaro in banca. Non andrà mai perso e continuerà a crescere fino a che non raggiungerete l'illuminazione.

— *Avalokiteshvara, Manjushri e Vajrapani* —
I tre grandi bodhisattva della compassione, della saggezza e del potere

CAPITOLO 5
Generare la mente dell'illuminazione

La bodhicitta è la straordinaria intenzione altruista di ottenere l'illuminazione per il bene di tutti gli esseri ed è l'essenza del sentiero del Mahayana. Il seme della bodhicitta è la grande compassione che, in un primo momento, si stabilisce contemplando profondamente la natura della vostra relazione con gli esseri senzienti e coltivando il legame che sentite nei loro confronti. Questo processo porta ad una forma di bodhicitta nota come *la Bodhicitta dell'aspirazione*. Quando questa aspirazione si rafforza, la mente farà sorgere in modo spontaneo il desiderio di agire per il bene altrui. Questa forma proattiva di bodhicitta viene chiamata *Bodhicitta dell'impegno*. Questa potente motivazione costituisce il fondamento che vi consentirà successivamente di raggiungere le vostre mete spirituali più elevate.

Per generare la Bodhicitta dell'aspirazione dovete, in primo luogo, comprendere che tutti gli esseri, proprio come voi, desiderano la felicità e vogliono evitare la sofferenza. Questa uguaglianza fondamentale crea la base a partire dalla quale saremo in grado di sviluppare amore incondizionato e compassione verso tutti gli esseri senzienti a prescindere dalla razza, dal colore della pelle e dalle credenze religiose. E ciò include non soltanto gli esseri umani ma anche gli animali e le altre forme di vita non umane.

Inoltre le nostre rinascite nel samsara si susseguono da un tempo senza inizio e in ognuna di queste rinascite siamo stati sostenuti e accuditi dagli esseri senzienti che, in ciascuna delle nostre vite, sono stati le nostre madri, i nostri amati, i nostri amici e i nostri familiari. Per questo, benché non siamo in grado di riconoscerli in questa vita, possiamo avere la certezza che abbiamo ricevuto da loro un amore smisurato e che condividiamo un legame molto intimo. Rendendosi conto di tale connessione e sviluppando un profondo senso di gratitudine per la loro bontà, sarà naturale che sorga in voi il desiderio di sdebitarvi in qualsiasi maniera possiate.

Quando osservate lo stato in cui versano gli esseri senzienti, le vostre gentili madri, constaterete che sono prigionieri di un ciclo perpetuo di sofferenza senza fine. È come se fossero intrappolati in un incubo senza sapere che esiste la possibilità di svegliarsi. Riflettendo seriamente su questa considerazione, realizzerete che l'unico modo per aiutarli è quello di mostrare loro come superare le proprie illusioni e come praticare un sentiero che li condurrà ad una felicità duratura. Quando assumete questo compito come una vostra responsabilità personale, avrete sviluppato l'intenzione altruista della bodhicitta – il desiderio di raggiungere la mente onnisciente dell'illuminazione per poter aiutare, nel miglior modo possibile, le vostre amate madri in ogni circostanza e guidarle passo passo finché non avranno conseguito la pace suprema. Con lo sviluppo di una intenzione così lungimirante potrete curare molto di più di un dolore temporaneo poiché sarete in grado di offrire agli esseri un metodo effettivo per raggiungere la libertà definitiva dalla sofferenza.

La Bodhicitta dell'aspirazione e la Bodhicitta dell'impegno sono considerate di natura provvisoria. Sono misure temporanee capaci di erogare il combustibile necessario per raggiungere la vostra meta. Ma, alla fine, l'illuminazione sarà raggiunta mediante una realizzazione diretta della natura della realtà. Questa viene chiamata la *Bodhicitta ultima* ed è come una recinzione che circonda e protegge la vostra compassione. Non appena vi renderete conto che, seppure il vostro obiettivo sia quello di condurre infiniti esseri senzienti verso la liberazione, in realtà mai vi fu un essere senziente realmente esistente, la vostra compassione sarà libera di manifestarsi in modo spontaneo e non distorto. La vostra mente potrà dimorare nel significato definitivo e, da quella prospettiva, intraprendere azioni libere dai concetti di una persona che effettua l'azione, l'azione che viene compiuta e l'oggetto che è il centro dell'azione. Ciascuno di

GENERARE LA MENTE DELL'ILLUMINAZIONE

questi elementi verrà riconosciuto come una manifestazione della mente e, siccome anche i concetti di successo e fallimento esistono solo nella mente, non vi sarà mai la possibilità di esaurirsi o rimanere bloccati da visioni troppo orientate al risultato o moralistiche. Questa prospettiva incredibilmente flessibile vi consentirà di divenire un guerriero intrepido e compassionevole chiamato *bodhisattva*.

Una volta che il vostro atteggiamento inizia a trasformarsi mediante la forza della vostra bodhicitta, la vostra pratica si sposterà naturalmente verso un impegno sempre maggiore nei confronti degli esseri senzienti che incontrerete nella vostra vita. Ciò significa sfruttare le numerose opportunità che si presentano di offrire il vostro tempo e le vostre risorse per il beneficio degli altri e potrebbe manifestarsi nel fare volontariato all'interno della comunità locale o nell'adoperarsi quotidianamente per infondere più amore e compassione nelle vostre relazioni. In tale contesto intraprenderete l'addestramento di un bodhisattva, concentrandovi specialmente su quelle che vengono chiamate le *Sei Perfezioni*: generosità, disciplina etica, pazienza, diligenza, concentrazione meditativa e saggezza.

Dedicandoci ad attività sempre più significative iniziamo ad estendere la nostra consapevolezza alle differenti maniere in cui le persone sperimentano la sofferenza. Cominciamo a vedere che i tipi di sofferenza più evidente – come il cancro, la disabilità fisica o l'approssimarsi della morte – sono soltanto un livello della sofferenza. Guardando con più attenzione potremo vedere che esiste una forma più sottile di sofferenza che viene sperimentata anche da coloro che normalmente consideriamo ricchi e di successo: la sofferenza della paura, dell'ansia e dello stress. La parte importante del nostro addestramento consiste nell'osservare in profondità la natura delle esperienze degli esseri senzienti e sviluppare una profonda compassione nei loro confronti. Questa compassione guiderà la vostra pratica e vi darà l'ispirazione ad agire.

Le pratiche preliminari della bodhicitta consistono nel recitare e contemplare il significato di varie preghiere che si prefiggono di aiutarvi a generare l'aspirazione di raggiungere l'illuminazione. In questa pratica chiediamo ai Tre Gioielli di essere testimoni mentre sviluppiamo una ferma risoluzione ad agire per il beneficio degli esseri senzienti. Per infondere forza a queste meditazioni sarebbe ideale se riusciste a supportare la recitazione con lo studio e la riflessione su temi come la bodhicitta, il voto del bodhisattva e le Sei Perfezioni. Questo materiale vi fornirà un contesto chiaro per la vostra pratica e vi offrirà la possibilità di considerare molteplici prospettive differenti. Se volete impegnarvi seriamente in questo processo dovreste dedicare almeno qualche mese di pratica intensiva a queste contemplazioni, oppure il tempo necessario per acquisire dimestichezza con i punti essenziali.

Ricordate che questa specifica pratica non consiste nel ripetere le preghiere per migliaia volte. Non si tratta di accumulare le recitazioni allo stesso modo delle prostrazioni o dei mantra, ma consiste piuttosto nel cercare di integrare davvero questo atteggiamento nel vostro comportamento. Detto questo, tre parti sono connesse con questa pratica preliminare: generare la Bodhicitta dell'aspirazione, rafforzare la vostra aspirazione con i quattro incommensurabili e rinnovare il vostro voto di intraprendere l'addestramento di un bodhisattva.

GENERARE LA BODHICITTA DELL'ASPIRAZIONE

Iniziate stabilendo la vostra visualizzazione del campo di Rifugio come supporto alla pratica della bodhicitta. Di solito i praticanti recitano le preghiere del rifugio prima di questa pratica per cui la visualizzazione dovrebbe essere ancora vivida nella vostra mente. Se così non fosse, dedicate un po' di tempo a ristabilirne i dettagli. In questa pratica è molto importante avere una chiara sensazione di essere circondati da infiniti esseri senzienti, dal momento che la loro sofferenza è il supporto primario per sviluppare la qualità della compassione. Una volta che avete riportato alla mente la visualizzazione e preso rifugio per almeno tre volte, continuate recitando questa preghiera:

Con la motivazione di liberare tutti gli esseri senzienti, raggiungerò lo stato di un Buddha perfettamente illuminato.

Mediterò pertanto sul profondo sentiero del Vajrayoga.
(Da ripetere tre o più volte)

Con questa preghiera fate sorgere l'aspirazione a raggiungere lo stato della Buddhità completa in modo da beneficiare tutti gli esseri senzienti nel modo più grande e ampio possibile. La prima parte enfatizza i due componenti chiave della motivazione: intenzione e metodo. L'intenzione è quella di portare beneficio agli esseri senzienti e si basa su un forte sentimento di connessione con gli altri e un intenso desiderio di liberarli da ogni forma di sofferenza. Il metodo consiste in ciò che dovete fare per realizzare la vostra intenzione. Siccome solo la mente onnisciente di un Buddha è del tutto libera da ogni limitazione, soltanto un Buddha è in grado di portare veramente beneficio a tutti gli esseri senzienti senza eccezione. Conseguire i due kaya della Buddhità non solo vi consentirà di realizzare il beneficio ultimo per voi stessi, ma anche il beneficio ultimo per gli altri.

L'essenza di questo desiderio è catturata perfettamente ne *La via del bodhisattva* di Shantideva:

Possa io essere un protettore per coloro che ne sono privi,
una guida per chi viaggia lungo una strada,
possa io diventare una barca, una zattera o un ponte
per tutti coloro che desiderano attraversare le acque.

Possa io essere un'isola per coloro che desiderano un approdo
e una lampada per coloro che anelano alla luce,
possa io essere un giaciglio per coloro che hanno bisogno di riposare
e un servitore per tutti coloro che vivono nel bisogno.

Possa io diventare un gioiello che esaudisce i desideri, un vaso della fortuna,
un mantra potente e una medicina prodigiosa.
Possa io essere un albero miracoloso che esaudisce i desideri
e una mucca dell'abbondanza che sostenta il mondo intero.

TESORO NASCOSTO

Proprio come la terra e gli altri grandi elementi
e come lo spazio stesso, possa io rimanere per sempre
per fornire sostegno alle vite degli infiniti esseri senzienti,
provvedendo a tutto ciò di cui possano aver bisogno.

Così, in ogni reame dei molteplici esseri
che si estendono ai confini dello spazio,
possa io essere una fonte di ogni cosa di cui la vita ha bisogno,
fino a quando gli esseri avranno trasceso il dolore del samsara.

Per raggiungere la Buddhità il più velocemente possibile sono necessari metodi potenti per tagliare del tutto le illusioni e purificare la mente da ogni condizionamento karmico. Per tale ragione facciamo nostra l'aspirazione di meditare sul profondo sentiero del Vajra Yoga dello stadio di completamento del Kalachakra. Questo è il metodo supremo impiegato nella tradizione Jonang per sviluppare un profondo livello di concentrazione e di comprensione della natura della realtà. Con la motivazione pura della bodhicitta, una grande mole di impegno e una dedizione incrollabile, è assolutamente possibile raggiungere l'illuminazione in una singola vita.

Mentre recitate questa preghiera prendetevi del tempo per riflettete su cosa significano effettivamente per voi queste parole. Considerate perché è così importante per voi aiutare gli esseri senzienti. Di cosa avrete bisogno per esaudire i loro desideri? Quali sono i benefici di raggiungere la Buddhità? quali sono i benefici di praticare il percorso del Kalachakra? Se sarete in grado di rispondere sinceramente a queste domande, allora tale aspirazione assumerà un profondo significato e vi fornirà una base solida per il vostro costante sviluppo spirituale.

Coltivare i quattro incommensurabili

All'inizio di questa pratica la nostra aspirazione di raggiungere l'illuminazione è piuttosto debole. Assomiglia ad un seme che abbiamo appena piantato nel terreno. Se vogliamo avere una speranza di assaporare in futuro il suo frutto dobbiamo coltivare la nostra aspirazione affinché ci dia la forza di intraprendere azioni virtuose. Questo processo di maturazione si raggiunge attraverso quelle qualità che sono chiamate i *quattro incommensurabili*: amore, compassione, gioia ed equanimità. Coltiviamo queste qualità recitando le seguenti quattro aspirazioni fondamentali in cui ogni riga coincide con uno dei quattro incommensurabili:

Possano tutti gli esseri senzienti avere la felicità e le cause della felicità.
Possano tutti gli esseri senzienti essere liberi dalla sofferenza e dalle cause della sofferenza.
Possano tutti gli esseri senzienti non essere mai separati dalla felicità suprema che è libera dalla sofferenza.
Possano tutti gli esseri senzienti dimorare nella grande equanimità, liberi dall'attaccamento e dall'avversione.

All'inizio la nostra bodhicitta è piuttosto limitata a causa della nostra parzialità nei confronti di alcuni esseri senzienti. Coltivando queste quattro qualità demoliamo le barriere costituite dalle nostre preferenze, consentendoci di includere un numero sempre maggiore di esseri nella nostra aspirazione. Quando questa parzialità si sarà dissolta completamente tali qualità saranno libere di diventare *"incommensurabili"* – incommensurabili perché la nostra motivazione si dirigerà verso infiniti esseri senzienti; incommensurabili perché saremo disposti a dedicare infinite vite future a raggiungere la nostra meta e, infine, incommensurabili perché il raggiungimento della Buddhità è caratterizzato da una quantità infinita di qualità illuminate.

Quando si medita sui quattro incommensurabili può essere di aiuto iniziare riflettendo per prima cosa sulla natura delle vostre relazioni con gli esseri senzienti. In particolare cercate di stabilire una connessione considerando i modi in cui tutti gli altri esseri senzienti e voi stessi siete uguali. Inoltre pensate all'incredibile gentilezza che gli esseri senzienti vi hanno mostrato in questa vita e, per inferenza, in infinite vite passate. Cercate di coltivare un senso di amore affettuoso capace di vedere gli esseri senzienti come persone a voi care, come vostra madre o altri congiunti intimi. Più forte è il vostro affetto per gli esseri senzienti e più intenso sarà il vostro desiderio di vederli liberi da ogni sofferenza.

Partendo da questa base potete iniziare a recitare la preghiera dei quattro incommensurabili. Ad ogni riga cercate di coltivare un'intenzione progressivamente crescente. Iniziate a fare l'abitudine alla possibilità che gli esseri senzienti siano davvero capaci di percepire la vostra aspirazione. Per esempio potreste sostituire la parola "Possano" con l'espressione "Che meraviglia sarebbe se...", rendendo il verso così "Che meraviglia sarebbe se tutti gli esseri senzienti avessero la felicità e le cause della felicità".

Avendo stabilito questa possibilità, potete ripetere la riga di nuovo ma con un anelito maggiore verso l'aspirazione che ciò avvenga effettivamente. Quindi, nel caso del primo incommensurabile dell'amore, recitate: "Possano tutti gli esseri senzienti avere la felicità e le cause della felicità!". La chiave qui consiste nel credere veramente che tale risultato è qualcosa di prezioso e desiderabile.

Poi recitate la riga di nuovo, ma questa volta consapevoli del fatto che gli esseri senzienti hanno sofferto nel samsara sin da un tempo senza inizio e, se qualcuno non si impegnerà in questa direzione, l'aspirazione non si avvererà. Sviluppate pertanto un senso di responsabilità di passare all'azione. Per esempio potete pensare "Possa io essere la causa affinché tutti gli esseri senzienti abbiano la felicità e le cause della felicità!". Quando questa aspirazione sorge in maniera spontanea nella vostra mente, avrete generato l'intenzione altruista che contraddistingue la transizione dalla Bodhicitta dell'aspirazione alla Bodhicitta dell'impegno.

Infine, dobbiamo riconoscere che, per avere successo nella nostra aspirazione, avremo bisogno di molto aiuto. A tale proposito ricordate i vostri oggetti di rifugio e, dal profondo del vostro cuore, pregate affinché vi infondano la forza e la determinazione necessarie. Se riuscirete ad integrare questi quattro aspetti in ciascuno dei quattro incommensurabili, gradualmente la vostra convinzione e la vostra fiducia aumenteranno.

Per coltivare i quattro incommensurabili potete usare la versione di quattro versi della Scala Divina o la seguente, più estesa:

Che meraviglia sarebbe se tutti gli esseri senzienti avessero la felicità e le cause della felicità!
Possano avere la felicità e le sue cause!
Io stesso farò sì che ciò si avveri!
Per favore, Guru-Buddha, conferiscimi le tue benedizioni affinché io sia in grado di realizzarlo.

Che meraviglia sarebbe se tutti gli esseri senzienti fossero liberi dalla sofferenza e dalle cause della sofferenza!
Possano essere liberi dalla sofferenza e dalle sue cause!
Io stesso li libererò dalla sofferenza e dalle sue cause!
Per favore, Guru-Buddha, conferiscimi le tue benedizioni affinché io sia in grado di realizzarlo.

Che meraviglia sarebbe se tutti gli esseri senzienti non fossero mai separati dalla felicità di una rinascita superiore e della libertà!
Possano non essere mai separati dalla felicità di una rinascita superiore e della libertà!
Io stesso sarò la causa affinché non se ne separino mai!
Per favore, Guru-Buddha, conferiscimi le tue benedizioni affinché io sia in grado di realizzarlo.

Che meraviglia sarebbe se tutti gli esseri senzienti dimorassero nell'equanimità, liberi dall'odio e dall'attaccamento!
Possano dimorare nell'equanimità!
Io stesso sarò la causa affinché dimorino nell'equanimità!
Per favore, Guru-Buddha, conferiscimi le tue benedizioni affinché io sia in grado di realizzarlo.

Prendere il voto del Bodhisattva

Alla fine della sessione, se avete precedentemente ricevuto il voto del bodhisattva da un maestro autentico, ora è un buon momento per rinnovarlo. Con il campo di Rifugio vivido nella vostra mente, chinatevi su un ginocchio e, con le mani unite, recitate i seguenti due versi de La via del Bodhisattva:

> *Come i sugata delle epoche passate*
> *generarono bodhicitta e poi gradualmente,*
> *si addestrarono nelle abili pratiche*
> *del sentiero autentico dei bodhisattva,*
>
> *come loro, prendo questo sacro voto*
> *di generare bodhicitta qui ed ora,*
> *e di addestrarmi per il bene altrui,*
> *gradualmente, come dovrebbe fare un bodhisattva.*

(*Ripetete questi versi per tre volte e poi sviluppate la certezza di aver generato il voto del bodhisattva*)

Benché questa sezione non faccia parte tradizionalmente della Scala Divina, l'ho inserita in questo testo poiché ritengo importante rinnovare i voti quotidianamente. Ciò contribuisce a mantenerli puri ed a rafforzare il vostro impegno nella pratica delle Sei Perfezioni. Se non avete ricevuto il voto del bodhisattva potete saltare questa sezione.

Conclusione

Per concludere la vostra sessione dovreste dissolvere il campo di Rifugio seguendo la descrizione del capitolo precedente sulla pratica della presa di rifugio. Prima le dakini e i dharmapala si dissolvono nell'Arya Sangha; il Sangha si dissolve nel Dharma; il Dharma si dissolve nei Buddha; i Buddha si dissolvono negli yidam e questi ultimi nei Guru. Infine i Guru e tutta la visualizzazione si dissolvono in Vajradhara, il quale giunge sulla sommità del vostro capo e si dissolve in voi. Rimanete per un po' di tempo in questo stato e poi terminate dedicando tutti i meriti che avete accumulato all'illuminazione di tutti gli esseri senzienti.

CAPITOLO 6
La purificazione di Vajrasattva

La pratica di Vajrasattva consente di portare alla luce la realtà della propria natura di Buddha che, al momento, è oscurata dalle impurità frutto dell'attaccamento, dell'aggressività e delle illusioni. La nostra situazione attuale è come una superficie di vetro sporca. Questa pratica vi fornisce un metodo potente per lavare via le impurità, avendo fiducia che, sotto allo sporco, c'è un vetro cristallino totalmente puro e immacolato. Mediante la pratica di Vajrasattva, questa fiducia gradualmente crescerà mentre vi avvicinerete sempre più a scoprire la purezza innata della vostra natura più profonda.

Cos'è che dobbiamo purificare? In questo momento siamo succubi delle nostre emozioni negative e siamo controllati dal condizionamento karmico che abbiamo sviluppato nel corso di infinite reincarnazioni. La maggior parte delle persone difficilmente considera il ruolo svolto dal karma negativo nelle loro esperienze sfortunate o negli ostacoli che si trovano ad affrontare. Siccome l'influenza del nostro karma è celata alla nostra coscienza ordinaria, di solito non ci rendiamo conto che ciò che consideriamo essere le cause della nostra felicità o sofferenza sono solo condizioni temporanee, non ne sono la vera origine.

Inoltre, all'interno del nostro continuum mentale attuale, conserviamo specifiche propensioni karmiche che ci impediscono di sviluppare una buona comprensione del Dharma o di intraprendere certe pratiche in modo efficace. Ciò è specialmente vero nel caso di pratiche profonde come i Sei Vajra Yoga. Secondo il buddhismo Vajrayana tutte queste propensioni negative sono immagazzinate energeticamente sotto forma di "nodi" nei canali del vostro corpo sottile. Dal momento che la mente è strettamente connessa con il movimento dell'energia, fino a quando questi nodi non saranno eliminati non sarete in grado di conseguire le realizzazioni più elevate. Per tale ragione, usiamo la speciale pratica di visualizzazione di Vajrasattva per "lavare via" tutta questa energia negativa e per risanare il corpo sottile, rendendolo consono alla pratica.

La purificazione di queste propensioni karmiche impedirà la loro maturazione nel futuro, assicurandovi così un efficace progresso lungo il cammino spirituale. La purificazione avviene attraverso l'utilizzo di quattro componenti conosciuti come i *quattro poteri opponenti*:

1. **Il potere dell'affidarsi:** per trascendere le nostre limitazioni è importante fare affidamento su qualcosa che sia veramente capace di fornirci una protezione dalla sofferenza. In generale l'oggetto principale del nostro rifugio sono i Tre Gioielli – Buddha, Dharma e Sangha. Tuttavia, nel caso di questa pratica, facciamo affidamento in modo specifico sulla forza risanatrice e sulla purezza della nostra natura di Buddha, che si manifesta nella forma di una radiosa divinità bianca chiamata Vajrasattva. Il nome "Vajrasattva" letteralmente significa "guerriero illuminato" oppure "incarnazione dell'energia indistruttibile dell'illuminazione".

    In questa pratica costruiamo gradualmente la nostra visualizzazione di Vajrasattva recitandone molti dettagli. Il punto essenziale da ricordare è quello di sentire la presenza di Vajrasattva nello spazio sopra di voi. Potete rafforzare la vostra connessione personale con Vajrasattva riconoscendo che la sua natura è inseparabile dalla natura del vostro Lama e, quindi, dalla vostra. La connessione che avete con tale natura è ciò che purificherà la vostra mente, guidandovi verso l'illuminazione. Se la vostra fiducia in Vajrasattva è forte e stabile potrete essere sicuri che la successiva purificazione sarà ugualmente potente.

2. **Il potere del pentimento:** avendo Vajrasattava come testimone, la fase successiva consiste nel riconoscere sinceramente le vostre pro-

pensioni negative senza occultare nulla. Abbandonate del tutto ogni senso di orgoglio ed esponete i vostri errori alla presenza del Buddha Vajrasattva. Riconoscete che a causa della cupidigia, dell'odio o dell'incuria, vi siete comportati in maniera dissennata e le propensioni karmiche frutto di tali azioni vi condurranno certamente alla sofferenza in futuro. Potete considerare queste azioni negative come un veleno letale che avete appena ingerito. Così svilupperete un intenso desiderio di liberarvi di questo veleno e di purificarvi completamente di tutte le negatività.

Nella cultura occidentale dobbiamo essere attenti a distinguere tra un rimorso sincero e un senso di colpa o di autocritica. La purificazione consiste nel ricordare che la nostra natura sottostante è pura ed incontaminata. È piena di qualità illuminate come l'amore incondizionato e la compassione ed è su questa natura che dobbiamo focalizzarci.

3. **Il potere del rimedio:** mantenendo alla mente un forte senso di pentimento, dobbiamo poi intraprendere un'azione virtuosa che ci aiuti a creare una forza positiva antitetica alle propensioni che stiamo cercando di purificare. In tale pratica il "rimedio" consiste nel recitare il mantra di Vajrasattva mentre visualizzate un nettare bianco e radioso che pulisce il vostro corpo lavando via ogni impurità. Entrambe queste tecniche sono mezzi abili che vi aiutano a ricordarvi della purezza della vostra natura.

Benché questa pratica specifica sia un metodo particolarmente potente di purificazione, ve ne sono molti altri che potete mettere in atto. Per esempio potete dedicarvi ad opere di bene, essere gentili e compassionevoli con gli altri, fare ammenda verso coloro a cui avete arrecato danno, coltivare la pazienza di fronte alle avversità o chiedere perdono quando è appropriato. A prescindere dal metodo che scegliate come rimedio, assicuratevi di dedicare i meriti per la purificazione della vostra mente.

4. **Il potere dell'asternersi:** per concludere il processo di purificazione dovete stabilire una forte determinazione di astenervi dal ripetere queste azioni negative. Se siete riusciti a identificare chiaramente il comportamento sbagliato o il voto infranto dovreste generare la determinazione che non rifarete mai più quell'azione in futuro, perfino a costo della vita. Lo sviluppo di una forma di risoluzione così intensa dà forza alla vostra purificazione, rendendo così possibile la purificazione del karma negativo di intere vite.

Tuttavia, praticamente parlando, se non vi sentite in grado di abbandonare del tutto un comportamento specifico, potete cominciare rafforzando la vostra determinazione di astenervi dal compiere tale azione per un periodo di tempo specifico. Per esempio, potreste pensare "Nel corso della prossima settimana non farò questo o quello". L'aspetto principale è quello di sviluppare una forte intenzione di astenersi da una condotta negativa e poi, con il tempo, questa risoluzione diventerà sufficientemente potente per abbandonare completamente quella non-virtù.

Per aiutarci a generare questi quattro poteri è stata elaborata, in modo specifico, la seguente pratica, in modo da far sì che la vostra purificazione sia forte ed efficace. La potete recitare come pratica autonoma o come parte della vostra recitazione quotidiana della Scala Divina.

UNA PRATICA BREVE DI VAJRASATTVA CON COMMENTO

Prima di iniziare questa pratica dovreste prendere rifugio nei Tre Gioielli e generare bodhicitta come descritto in precedenza. Avendo ciò come fondamento potete incominciare la pratica effettiva.

Visualizzazione

Iniziamo stabilendo per prima cosa la visualizzazione nella nostra mente. Prima di generare la visualizzazione dovete dissolvere tutte le apparenze ordinarie recitando il seguente mantra:

LA PURIFICAZIONE DI VAJRASATTVA

OM SVABHAVA SHUDDHA SARVA DHARMA SVABHAVA SHUDDHO HAM
Tutti i fenomeni inclusi voi stessi si dissolvono nello stato naturale della vacuità.

Il proposito di questo mantra consiste nel purificare tutte le apparenze nello stato puro e naturale della vacuità, la verità ultima, che è vuota di tutti i fenomeni ingannevoli. Dovreste visualizzare il vostro corpo ed ogni apparenza come un riflesso vuoto, alla stregua del riflesso della luna su un lago.

Dallo stato naturale della vacuità, sopra la sommità del mio capo, appare la sillaba PAM (པཾ) che si trasforma in un fiore di loto bianco con otto petali. La sillaba AH (ཨཿ) appare sul fiore di loto e si trasforma in un disco di luna piena. Sopra il disco di luna appare la sillaba HUNG (ཧཱུྃ) che si trasforma in un vajra bianco a cinque punte con la sillaba HUNG (ཧཱུྃ) nel centro.

Lentamente lo stato naturale della vacuità prende vita come un riflesso in uno specchio e, da questo, appare la sillaba PAM che si trasforma nel fiore di un loto bianco bianco, simbolo del non attaccamento innato della natura di Buddha. La sillaba AH rappresenta la parola di tutti i Buddha, mentre il disco di luna piena è il simbolo della compassione. La sillaba HUNG rappresenta la mente di tutti i Buddha, mentre il vajra rappresenta il loro potere spirituale e la loro saggezza indistruttibili e incrollabili. Solitamente i vajra sono fatti di metallo e hanno cinque punte ad ogni estremità che rappresentano le cinque famiglie di Buddha o le cinque saggezze di un Buddha.

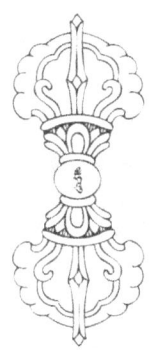

Per svelare il dharmakaya o il Buddha naturale che sono dentro di noi dobbiamo accumulare meriti e purificare tutte le impurità a livello relativo. Il loto, il vajra e le sillabe seme rappresentano così la generazione dei meriti e il processo di purificazione durante i diversi stadi di esistenza – nascita, vita naturale, morte, bardo e rinascita.

Da questa HUNG (ཧཱུྃ) si emana in tutto l'universo una luce luminosa che fa offerte illimitate a tutti gli esseri Arya. La luce poi si irradia verso tutti gli esseri senzienti purificando le loro negatività e oscuramenti. Successivamente la luce ritorna indietro e si dissolve nella sillaba HUNG (ཧཱུྃ) e il vajra bianco a cinque punte si dissolve completamente in luce.

La sillaba HUNG è l'essenza della mente di tutti i Buddha. Quando irradiate luce facendo offerte a tutti gli esseri Arya state invocando le benedizioni di tutti i Buddha. Visualizzare la luce di queste benedizioni che si dissolvono di nuovo in voi è un modo tantrico di rafforzare il potere della pratica. Successivamente purificate le negatività e gli oscuramenti di tutti gli esseri con la stessa luce, il che è un metodo straordinario per accumulare meriti. Le attività come fare offerte illimitate agli esseri illuminati e purificare le negatività e gli oscuramenti degli esseri senzienti sono la base per ottenere i corpi di forma o rupakaya di un Buddha. Se non intraprendiamo questi tipi di azioni non avremo mai meriti sufficienti per raggiungere la completa illuminazione.

La luce si trasforma istantaneamente in Vajrasattva, che ha un corpo di colore bianco, un volto e due braccia e tiene un vajra nella sua mano destra e una campana nella sinistra. Egli abbraccia la sua consorte Vajratopa in unione (yab-yum).

In questa pratica, le forme di Vajrasattva e Vajratopa sono aspetti dell'illuminazione del rupakaya e rappresentano tutti i meriti che è necessario accumulare per poter portare spontaneamente beneficio agli altri.

Vajrasattava ha un corpo bianco radioso, giovane, trasparente, perfettamente proporzionato e attraente – queste caratteristiche simboleggiano la purificazione di tutti gli oscuramenti e le negatività. Nella pratica del

LA PURIFICAZIONE DI VAJRASATTVA

— *Vajrasattva Yab-Yum* —
La purezza della natura di Buddha simboleggiata dall'unione di metodo e saggezza

Vajrayana gli ornamenti come il vajra e la campana sono supporti specifici che vi connettono con le qualità dell'illuminazione. Tali connessioni avvengono sulla base dei principi dell'interdipendenza.

Il vajra incarna la qualità di essere indistruttibile, proprio come un diamante, e rappresenta la mente del Buddha. La campana, recante l'immagine del volto di un Buddha e l'iscrizione di un mantra, rappresenta il corpo e la parola illuminati. Il vajra simboleggia anche la grande beatitudine spontanea e le qualità spirituali maschili come la compassione. La campana rappresenta anche la forma-vuota e le qualità spirituali femminili quali la saggezza.

Benché la pratica funzioni anche visualizzando Vajrasattva come una figura singola, è più efficace visualizzarlo con la consorte Vajratopa in un abbraccio illuminato. Questa forma viene chiamata Vajrasattva yab-yum e rappresenta l'unione delle qualità maschili e femminili nella natura ultima della realtà.

Vajratopa è di colore bianco, tiene un coltello ricurvo nella sua mano destra e una coppa ricavata da un teschio nella sinistra. Sono entrambi adornati con ornamenti di ossa e gioielli e siedono rispettivamente con le gambe incrociate nella postura vajra e del loto.

Il coltello ricurvo simboleggia il metodo o la capacità di recidere la mente dualistica, mentre la calotta cranica rappresenta la saggezza o la "consumazione" del pensiero dualistico impuro. Sia Vajrasattva che Vajratopa sono adornati con cinque indumenti di seta e otto ornamenti incastonati di gioielli.

I *cinque indumenti di seta* includono: (1) una sciarpa di seta blu decorata, (2) cinque pendenti a corona colorati, (3) un indumento superiore di seta bianca, (4) un indumento inferiore simile a una gonna, (5) manicotti lunghi. Questi indumenti simboleggiano le cinque saggezze.

Gli *otto ornamenti incastonati di gioielli* includono: (1) una corona) (2) orecchini, (3-5) una collana corta, una media e una lunga, (6) ornamenti per le spalle, (7) bracciali e (8) cavigliere. Questi ornamenti rappresentano le otto coscienze pure.

Il fatto che le loro gambe si incrocino nella postura vajra e del loto simboleggia l'indivisibilità di samsara e nirvana.

Alla fronte di Vajrasattva yab-yum appare la sillaba OM (ཨོཾ); alla gola la sillaba AH (ཨཱཿ); al cuore la sillaba HUNG (ཧཱུྃ) e all'ombelico la sillaba HO (ཧོཿ).
Dalla HUNG (ཧཱུྃ) all'altezza del cuore di Vajrasattva yab-yum, raggi luminosi si irradiano nelle dieci direzioni e il potere della purificazione di tutti i Buddha e bodhisattva torna indietro luminoso nella forma di nettare bianco.

Le sillabe OM, AH e HUNG alla fronte, alla gola e al cuore rappresentano il corpo, la parola e la mente indistruttibili di Vajrasattva, mentre la HO all'ombelico simboleggia l'indistruttibile saggezza primordiale. La luce che si irradia a tutti i Buddha e bodhisattva raccoglie le loro benedizioni e conferisce al cuore di Vajrasattva il potere della purificazione di tutti i Buddha (che Vajrasattva rappresenta). Questo potere assume la forma di un nettare bianco brillante, luminoso e trasparente.

DZA (ཛཿ) HUNG (ཧཱུྃ) VAM (ཝཾ) HO (ཧོཿ)
Il nettare ora diventa inseparabile da Vajrasattva yab-yum.

Con DZA il nettare ascende sopra la corona di Vajrasattva, con HUNG si dissolve in Vajrasattva e con VAM permea la totalità di Vajrasattva yab-yum. Infine, mentre si pronuncia la sillaba HO, il nettare diventa completamente inseparabile da Vajrasattva yab-yum. Con il completamento di questa visualizzazione avete generato il *potere dell'affidamento*.

Richiedere la purificazione

Vajrasattva yab-yum, ti prego, purifica ed elimina ogni negatività, oscuramento e trasgressione accumulati da me e da tutti gli esseri senzienti da tempo senza inizio.

Con Vajrasttva yab-yum come testimone, dovreste ora generare il *potere del pentimento*. In questo verso invocate Vajrasattva yab-yum affinché vi aiuti a pulire e purificare le vostre negatività, i vostri oscuramenti e le vostre trasgressioni. In primo luogo ricordate tutte le azioni negative, le abitudini e le tendenze malsane del vostro corpo, parola e mente e poi, una volta riconosciuto che tali azioni sono nocive per voi e per gli altri, fate una richiesta dal profondo del vostro cuore a Vajrasattva chiedendogli che vi aiuti a purificarle dal vostro continuum mentale.

La purificazione effettiva

Dopo aver fatto la vostra richiesta di purificazione immaginate il corpo di Vajrasattva e consorte straripante di nettare. Da ogni poro del loro corpo e specialmente dal punto della loro unione, scaturisce un flusso di questo nettare. Il nettare poi discende come una cascata o come una pioggia leggera. Immaginate che il nettare lavi il vostro corpo e che entri attraverso la sommità del vostro capo. Mentre discende lungo il vostro corpo visualizzate che ogni malattia, energia negativa e afflizione mentale venga purificata ed espulsa attraverso gli orifizi inferiori del corpo, assumendo la forma di un liquido nero e denso, una miscela di sangue e pus che si dissolve nel terreno sottostante.

Se potete, sarebbe bene anche immaginare che il campo del nettare purificatore di Vajrasattva si estende all'esterno verso tutti gli esseri senzienti purificandoli nello stesso modo. Tenete in mente questa visualizzazione mentre recitate il mantra lungo di Vajrasattva:

OM SHRI VAJRA HERUKA SAMAYA MANUPALAYA | VAJRA HERUKA TENOPA | TISHTHA DRIDHO ME BHAVA | SUTOKAYO ME BHAVA | ANURAKTO ME BHAVA | SUPOKAYO ME BHAVA | SARVA SIDDHI MAME PRAYATSA | SARVA KARMA SU TSA ME | TSITAM SHREYANG KURU HUNG | HA HA HA HA HO | BHAGAVAN VAJRA HERUKA MAME MUNTSA | HERUKA BHAVA MAHA SAMAYA SATTVA AH HUM PHET

Dovreste recitare questo mantra quante più volte possibile a seconda del tempo a vostra disposizione. Il significato di questo mantra è spiegato di seguito:

LA PURIFICAZIONE DI VAJRASATTVA

Sanscrito	Significato
OM	Omaggio!
SHRI VAJRA HERUKA	In base al sacro voto del glorioso Vajrasattva irato
MANUPALAYA VAJRA HERUKA TENOPA	Oh Vajrasattva, proteggi il samaya
TISHTHA DRIDHO ME BHAVA	Rimani saldo dentro di me
SUTOKAYO ME BHAVA	Conferiscimi la felicità assoluta
ANURAKTO ME BHAVA	Sii amorevole nei miei confronti
SUPOKAYO ME BHAVA	Cresci in me (aumentando la mia virtù)
SARVA SIDDHI MAME PRAYATSA	Benedicimi con tutti i siddhi
SARVA KARMA SU TSA ME	Mostrami tutti i karma
TSITTAM SHREYANG KURU	Rendi la mia mente buona, virtuosa e propizia.
HUNG	L'essenza di Vajrasattva (o sillaba seme)
HA HA HA HA	I quattro incommensurabili, i quattro potenziamenti, le quattro felicità e i quattro kaya
HO	Esclamazione di felicità
BHAGAVAN	Oh benedetto, incarnazione di tutti i Buddha
VAJRA HERUKA MA ME MUNTSA	Non abbandonarmi mai
HERUKA BHAVA	Mostrami la natura vajra delle cinque saggezze
MAHA SAMAYA SATTVA	Oh grande essere di saggezza
AH HUNG PHET	Fa' sì che diventi un tutt'uno con te!

Il mantra vi connette con il potere divino risanatore di Vajrasattva e rende il processo di purificazione più efficace della semplice visualizzazione, sempre che invochiate i quattro poteri e manteniate una buona concentrazione focalizzata.

Pur essendo questa la pratica essenziale, vi sono molte altre opzioni su cui potete concentrarvi mentre recitate il mantra. Per esempio potete scegliere di focalizzarvi sul significato del mantra, sul vostro sentimento di rimorso e determinazione, sulla forma di Vajrasattva yab-yum o sul flusso di nettare che scorre attraverso il vostro corpo sottile.

Se questi dettagli fossero troppo impegnativi, la cosa più importante è quella di tenere a mente i quattro poteri e di cercare semplicemente di percepire la presenza di Vajrasattva. Qualora il tempo sia limitato è anche possibile usare una versione più breve del mantra:

OM VAJRASATTVA HUNG

Benché questo mantra breve sia utile per una rapida purificazione delle azioni negative, se vi state concentrando sulla pratica di Vajrasattva come parte dei preliminari del Kalachakra, dovreste dedicare le sessioni di pratica formale all'accumulazione del mantra lungo. L'obiettivo è quello di accumulare almeno 100.000 mantra, il che di solito richiede tre mesi quando ci si dedica a questa pratica in maniera intensiva. In alternativa potete semplicemente continuare a praticare fino a quando non sperimenterete i segni della purificazione.

Confessione delle colpe

Una volta completata la vostra sessione potete concludere generando il *potere dell'astenersi*. Ciò viene fatto recitando i versi della confessione come segue:

> *Grande Protettore, a causa dell'ignoranza e della confusione ho infranto i miei samaya e li ho lasciati degenerare. Compassionevole Lama Vajrasattva yab-yum, ti prego, purifica le mie negatività e proteggimi. In te io prendo rifugio, supremo detentore del Vajra, tesoro di compassione e salvatore di tutti gli esseri.*

Con questi versi state confessando ogni occasione in cui avete infranto le vostre promesse o le avete fatte degenerare a causa dell'ignoranza e della confusione, a prescindere dall'esserne consapevoli o meno. Ciò si riferisce principalmente a qualsiasi voto o impegno sacro (samaya) ricevuto da un maestro Vajra. Comprende aspetti come coltivare costantemente il rispetto e la devozione nei confronti dei maestri e mantenere una percezione pura delle vostre esperienze. Benché questo verso abbia una rilevanza

LA PURIFICAZIONE DI VAJRASATTVA

specifica per i praticanti tantrici, in realtà è applicabile a qualsiasi livello di disciplina etica che stiate cercando di sviluppare al momento, come i voti del bodhisattva o i precetti della liberazione individuale.

Nella prima parte della recitazione state invocando il potere del pentimento, pensando con intensità a tutte le negatività accumulate. Nella seconda parte invocate nuovamente il potere dell'affidarsi pregando il compassionevole Lama Vajrasattva e prendendo rifugio in lui. Allo stesso tempo state applicando il potere del rimedio poiché la recitazione di questa preghiera vi consente di creare una energia positiva in grado di neutralizzare la negatività delle vostre azioni precedenti.

Confesso e mi pento di tutte le trasgressioni di corpo, parola e mente, inclusi tutti i voti radice e secondari infranti. Per favore, purifica ed elimina tutte le macchie, tutte le negatività, tutti gli oscuramenti e tutte le trasgressioni accumulati nel corso dell'esistenza ciclica senza inizio.

Questa parte è simile al verso precedente solo che, in questo caso, ricordate in modo specifico le vostre trasgressioni di corpo, parola e mente e anche ogni voto radice e secondario infranto. Nel tantra di Kalachakra vi sono quattordici voti radice e otto voti secondari. Tuttavia, per essere qualificati a mantenere i voti tantrici, dovete mantenere al meglio delle vostre capacità anche i voti del bodhisattva che includono diciotto voti radice e quarantasei voti secondari.

In conclusione esortate Vajrasattva ancora una volta affinché purifichi e pulisca ogni macchia, negatività, oscuramento e trasgressione accumulati durante l'esistenza ciclica senza inizio. Abbiamo sviluppato molte abitudini consolidate nell'arco di innumerevoli vite e facciamo affidamento su Vajrasattva affinché ci aiuti a rimuovere tutti questi strati di schemi abituali purificando le nostre emozioni e azioni negative, le tendenze a infrangere le promesse e gli oscuramenti mentali che ci impediscono di vedere la verità ultima. A questo punto dovreste invocare il potere dell'astenersi, generando un'intensa risoluzione di non essere più succubi di queste abitudini negative e di astenervi dal commettere azioni negative anche a costo della vostra vita.

Dissoluzione della visualizzazione

Come se la luna si stesse dissolvendo in me, Vajrasattva yab-yum mi guarda sorridente e inizia a dissolversi con gioia attraverso la sommità del mio capo. Il corpo, la parola e la mente di Vajrasattva yab-yum diventano inseparabili dal mio corpo, parola e mente.

Avendo completato il livello relativo della pratica di purificazione, Vajrasattva vi guarda sorridente come se vi dicesse "Ben fatto". Poi si dissolve in voi diventando indivisibile dal vostro corpo, parola e mente, mentre realizzate che, a livello ultimo, Vajrasattva è la vostra natura di Buddha. Comprendete così che la vostra mente è sempre stata pura.

Quando vi concentrate sull'accumulazione del mantra di Vajrasattva, è bene praticare la dissoluzione per poi ricostruire la visualizzazione a intervalli regolari, per esempio alla fine di ogni mala. Ciò vi ricorderà la natura vuota della visualizzazione e farà sì che non vi fissiate sulle apparenze attraverso l'osservazione ripetuta dell'inseparabilità tra voi e Vajrasattva.

Dedica della virtù

Completate la vostra sessione con il seguente verso di dedica:

Attraverso questa virtù possa io raggiungere velocemente lo stato illuminato di Vajrasattva yab-yum e accompagnare tutti gli esseri, senza eccezione, a questo livello di purezza. Attraverso questa virtù possano tutti gli esseri completare le accumulazioni di meriti e saggezza primordiale ed ottenere i due corpi di illuminazione.

Questa dedica è analoga alla preghiera recitata alla fine delle pratiche precedenti. Questa volta, tuttavia, l'enfasi viene posta sull'aspetto della purezza dell'illuminazione. Per tale ragione aspirate a raggiungere lo stato illuminato di Vajrasattva e desiderate anche condurre tutti gli esseri allo stesso stato di purezza. Una volta che gli esseri senzienti avranno raggiunto l'illuminazione otterranno i due kaya di Buddha: il corpo dharmakaya della realtà dell'illuminazione e i corpi di forma rupakaya. Questi sono il risultato, rispettivamente, dell'accumulazione della saggezza e dei meriti.

CAPITOLO 7
Offerta del mandala

La pratica dell'offerta del mandala ha la finalità di accumulare meriti facendo le offerte più estese e vaste possibili con la migliore motivazione possibile. Rivolgiamo poi queste offerte ai migliori destinatari possibili: i sublimi Tre Gioielli. Questa combinazione di azione, motivazione e supporto rende l'offerta del mandala un metodo straordinariamente efficace per accumulare vaste quantità di meriti in un periodo di tempo relativamente breve.

I meriti sono l'energia positiva generata quando si intraprendono azioni virtuose. Tale energia positiva abitua la vostra mente alla virtù e pertanto fornisce la base per la felicità futura. Ad esempio, se vi abituate alla generosità creerete le cause per avere una grande ricchezza in futuro; se vi abituate alla pazienza avrete un bellissimo aspetto; e se vi abituate a impegnarvi per raggiungere l'illuminazione il risultato sarà quello di avere le condizioni e le opportunità necessarie che vi aiuteranno a progredire nel cammino spirituale. I meriti sono pertanto una componente cruciale per supportarvi nel coltivare le qualità virtuose di cui avete bisogno. In particolare accrescono la vostra capacità di comprendere il Dharma correttamente, vi aiutano a sviluppare entusiasmo per la vostra pratica e vi danno la forza per superare ogni ostacolo lungo il percorso.

Il termine sanscrito "mandala" si riferisce a una rappresentazione simbolica dell'universo. A differenza delle mappe, che vengono utilizzate per la riproduzione di relazioni spaziali, i mandala rappresentano l'ambito completo della nostra esperienza mentale. Questa estensione così ampia permette loro di catturare le molteplici dimensioni della nostra esperienza in maniera visuale. Benché i mandala abbiano di solito l'aspetto di dipinti bidimensionali, questa non è l'unica forma che possano assumere.

TESORO NASCOSTO

Un mandala può essere realizzato usando granelli di sabbia colorati oppure può essere tridimensionale. Il tipo di mandala impiegato in questa pratica viene chiamato "Offerta del mandala" in quanto è concepito specificamente per facilitare il processo dell'offerta. Si costruisce disponendo vari mucchietti di sostanze dell'offerta (come gioielli, pietre o cereali) in strati che vengono impilati uno sull'altro. Ciascuno di questi strati è costituito da un anello che funge da recipiente per le offerte. Quando uno strato è completamente pieno si aggiunge sopra di esso un altro anello che, a sua volta, viene riempito di offerte. Alla fine, sulla sommità degli anelli, si colloca un gioiello che esaudisce i desideri. La forma meno elaborata di offerta del mandala può essere fatta usando le mani per creare il "mudra" del mandala, che è un semplice gesto simbolico.

Offerta del mandala tradizionale

Le varie sostanze offerte nel mandala rappresentano tutte le cose preziose di cui si può fare esperienza in questo mondo. In quanto fonti infinite di gioia e felicità, sono offerte degne per gli esseri illuminati e includono tutto quello che si possa immaginare, sia fisico che mentale. Per esempio potete offrire campi di fiori stupendi e anche le propensioni karmiche positive che voi ed altri avete generato nella mente poiché anche queste sono fonti di gioia e felicità.

Tali sostanze vengono offerte al campo di Rifugio che include tutti i supporti per raggiungere l'illuminazione: i Lama, i Buddha, i bodhisattva e così via. Facciamo loro offerte non perché ne abbiano bisogno ma perché tutti loro rappresentano le qualità illuminate che aspiriamo a raggiungere. Mostrando loro riverenza e offrendo tutto quello che sperimentiamo, stabiliamo una potente connessione karmica che serve da base affinché tali qualità affiorino in noi.

L'ultimo passo dell'offerta di un mandala consiste nel ricordarsi del perché state facendo l'offerta. Non cerchiamo di accumulare meriti per un nostro vantaggio personale. Vogliamo accumulare meriti per raggiungere l'illuminazione e portare beneficio a tutti gli esseri senzienti. In altre parole, facciamo l'offerta con la motivazione della bodhicitta. Poiché esistono infiniti esseri senzienti, qualsiasi offerta fatta per il loro bene produrrà meriti illimitati. Questo è ciò che rende l'offerta così estesa ed efficace.

La pratica dell'offerta del Mandala con commento

Ora descriveremo la pratica dell'offerta del mandala secondo la tradizione Jonang. Come in qualsiasi pratica buddhista del Mahayana, per prima cosa dovreste prendere rifugio e poi generare l'aspirazione di raggiungere l'illuminazione per il beneficio di tutti gli esseri.

Visualizzazione

> Nello spazio immediatamente di fronte a voi, visualizzate il vostro Lama radice nella forma di Vajradhara blu. Egli è circondato dai Tre Gioielli, dagli yidam e dalle dakini. Appaiono naturali e magnifici.

Il primo passo consiste nello stabilire la visualizzazione del campo di Rifugio come descritto precedentemente nella pratica della presa di rifugio. Trascorrete un po' di tempo rilassando la mente in uno stato espansivo ed aperto e poi lasciate che i dettagli della visualizzazione emergano da questo spazio. Ricordate che il punto essenziale è sentire la presenza dei vari oggetti di rifugio. È questa percezione che ci permette di connetterci con le qualità illuminate che essi rappresentano.

TESORO NASCOSTO

Invocazione del campo dei meriti

Tu sei il Lama simile ad un gioiello, colui la cui gentilezza conduce al sorgere di una grande beatitudine in un solo istante. Mi inchino ai tuoi piedi di loto, Lama Vajradhara.

Dopo aver sviluppato la nostra visualizzazione, ora recitiamo vari versi concepiti per generare la devozione nei confronti del campo dei meriti a cui le nostre offerte saranno rivolte. Il campo dei meriti è incarnato dal Lama simile ad un gioiello che è la nostra connessione umana con l'illuminazione e, allo stesso tempo, la rappresentazione dei Tre Gioielli. Ci ricordiamo in particolare dell'incredibile bontà del Lama, che ci ha impartito insegnamenti e ci ha guidato lungo il nostro cammino spirituale. Poiché non abbiamo i meriti necessari, i Buddha non sono in grado di guidarci direttamente, per cui lo fanno attraverso la forma del Lama. Per questo motivo il Lama è considerato più gentile di tutti i Buddha. Se pensiamo al Lama in questa maniera, egli potrà condurci ad incredibili realizzazioni spirituali, come l'esperienza, in un solo istante, della consapevolezza della grande beatitudine che trascende la mente concettuale ordinaria. Benché parliamo di un solo Lama, dovremmo sempre tener presente che il Lama rappresenta tutti i maestri, sia maschi che femmine, in quanto è l'incarnazione di tutti coloro che vi hanno recato beneficio nel vostro cammino verso l'illuminazione.

Inchinarsi ai piedi di loto del Lama è una forma poetica per dire che ogni parte del suo corpo è dotata di grande bellezza e allude anche al fiore di loto su cui tradizionalmente il Lama viene visualizzato. Nella cultura buddhista è considerato un grande onore toccare le estremità inferiori del corpo di un Lama (i piedi) con la parte superiore del proprio corpo (la testa). In questo verso ci si riferisce al Lama come a Vajradhara perché il suo corpo illuminato è indistruttibile, rappresentando il corpo dharmakaya della realtà dell'illuminazione.

Rendo omaggio al Lama verso cui la mia gratitudine è incomparabile. La luce della tua verità illuminata dissipa la mia oscurità. Tu sei l'oc-

chio immacolato della saggezza, il Lama di grande beatitudine immutabile simile al sole.

Secondo il buddhismo Vajrayana, il vostro progresso spirituale dipende dalla vostra capacità di mostrare gratitudine e apprezzamento al vostro Lama e alla luce della sua "verità illuminata", ovvero la verità che scoprite praticando il Dharma da lui insegnato. L'"occhio immacolato della saggezza" si riferisce all'abilità del Lama di vedere e di farci notare le nostre debolezze nascoste, mentre l'espressione "simile al sole" significa che il Lama è come una fonte di luce radiosa che ci consente di vedere tutto ciò che ci circonda.

> *Tu sei madre e padre. Tu sei il maestro di tutti gli esseri, un vero e nobile amico. Tu sei il grande protettore che agisce per il bene di tutti gli esseri senzienti. Tu sei il grande salvatore che dissipa gli oscuramenti negativi. Tu sei colui che dimora nell'eccellenza. Tu sei l'unico ricettacolo di tutte le supreme qualità, completamente libero da ogni errore. Tu sei il protettore degli umili, il supremo distruttore dell'egoismo e della sofferenza; la fonte di ogni ricchezza, il gioiello che esaudisce tutti i desideri, il supremo vittorioso Signore del Dharma; in te prendo rifugio.*

Il maestro di Dharma è come un genitore spirituale – come una "madre" vi offre amore e nutrimento spirituale e come un "padre" vi guida e vi protegge lungo il vostro cammino spirituale. È il "maestro di tutti gli esseri" poiché non fa distinzione su chi guiderà all'illuminazione e accoglie tutti gli esseri senzienti a prescindere dalla casta, dalla razza o dallo stato sociale. Come un "nobile amico" condivide il prezioso Dharma con voi e vi offre amore e sostegno incondizionati, accompagnandovi fino all'illuminazione. Inoltre vi protegge dalle sofferenze del samsara e vi porta alla liberazione mostrandovi come realizzare le qualità illuminate.

Oltre a ciò il maestro di Dharma "dissipa gli oscuramenti negativi", insegnandovi ad eliminare tutte le qualità negative e solo seguendo i suoi insegnamenti sarete in grado di ottenere le "qualità supreme" della Buddhità. Quale manifestazione dei Buddha in forma umana, il Lama è anche il "grande protettore" che agisce per il bene di tutti gli esseri senzienti e il conquistatore supremo dell'egoismo e della sofferenza poiché ha raggiunto l'illuminazione per il beneficio di tutti gli esseri. Infine, lo si descrive come un "gioiello che esaudisce i desideri" in quanto è in grado di manifestare qualità illuminate infinite per il bene dei suoi seguaci.

Prendo rifugio in te, immacolato e santo Lama radice, supremo e vittorioso Signore del Dharma, incarnazione dei Buddha dei tre tempi.

Se volete potete recitare questo verso da solo invece dei versi precedenti, ricordando che prendere rifugio nei Tre Gioielli è il fondamento di ogni pratica del Dharma. In questo caso prendere rifugio nel Lama equivale a prendere rifugio nei Tre Gioielli in quanto il Lama è considerato l'incarnazione dei Buddha dei tre tempi – passato, presente e futuro. Tutti i Buddha del passato hanno raggiunto l'illuminazione affidandosi ai loro maestri di Dharma, tutti i Buddha presenti si manifestano nella forma di maestri di Dharma e tutti i Buddha futuri ricevono insegnamenti dai maestri di Dharma. Questo è il motivo per cui il Lama che vi insegna il prezioso Dharma è visto come un essere santo e senza difetti.

Offerta del mandala di media lunghezza

OM VAJRA BHUMI AH HUNG.
Qui c'è la pura base d'oro.

Qui iniziamo l'offerta del mandala di media lunghezza, che è una pratica peculiare della tradizione Jonang. Consiste nel collocare nove mucchietti di riso o di pietre semi-preziose su di un vassoio che rappresenta l'universo offerto al campo di Rifugio. È una pratica molto più breve della tradizionale offerta lunga del mandala che comprende trentasette oggetti d'offerta.

Con il mantra *"OM VAJRA BHUMI AH HUNG"* iniziate a comporre il mandala creando una base, il terreno puro, dorato e portentoso su cui potrete erigere una rappresentazione fisica e mentale dell'universo. Si usa un vassoio con forma circolare per rappresentare tale base. Prima di passare all'offerta dovreste strofinare più volte la sua superficie con il vostro polso in senso orario.

OFFERTA DEL MANDALA

OM significa "perfetto" o "di eccellenza"; lo si usa all'inizio di ogni attività affinché ci guidi alla perfezione. *VAJRA* vuol dire "indistruttibile". *BHUMI* è "la terra, il fondamento o la base". *AH* significa "origine fondamentale" o "vacuità". *HUNG* vuol dire "fondamentale" o "totalità". Nel suo insieme questo mantra ci conduce all'eccellenza e alla gloria in ogni attività, agevolando il nostro raggiungimento dell'illuminazione.

Il modello dell'universo che viene qui usato è un po' diverso dal modello scientifico convenzionale. Secondo il tantra di Kalachakra l'universo si formò quando i quattro elementi si unirono in base al karma collettivo degli esseri. Dall'interno dello spazio l'elemento nero dell'aria fu il primo ad emergere, seguito dall'elemento rosso del fuoco, dall'elemento bianco dell'acqua e infine dall'elemento giallo della terra. Ognuno di questi elementi è rappresentato da dischi concentrici di diametro decrescente collocati uno sull'altro. Il vassoio circolare simboleggia questa costituzione degli elementi.

OM VAJRA REKHE AH HUNG.
L'universo è circondato da una cresta perimetrale di montagne e nel centro c'è il Monte Meru, il re delle montagne.

Con questo mantra visualizzate il maestoso Monte Meru che sorge al centro del disco giallo della terra, circondato da una grande catena montagnosa o una cresta perimetrale di montagne, che rappresenta il confine esterno dell'universo. Il Monte Meru è di forma circolare e sulla sua sommità ci sono cinque vette. Questi elementi rappresentano aspetti diversi del nostro universo che vengono sperimentati dai differenti esseri senzienti; per esempio la base del Monte Meru rappresenta i regni più densi di esperienza degli esseri senzienti, mentre i livelli superiori rappresentano regni sempre più sottili di esperienza.

Mentre costruite questa visualizzazione nella vostra mente, dovreste prendere l'anello più grande del vostro set per l'offerta del mandala e collocarlo sopra al vassoio circolare. Prendete una manciata di offerte (riso, sassolini o pietre semi-preziose) e collocatene un mucchietto nel centro del piatto per simboleggiare il Monte Meru.

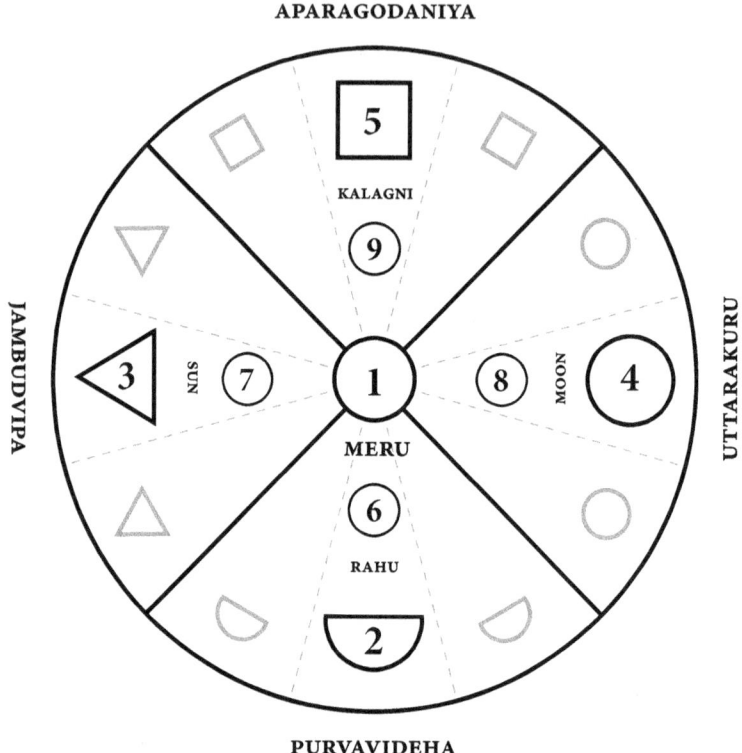

I nove mucchi dell'offerta del mandala secondo la cosmologia del Kalachakra

Ad est c'è Purvavideha, a sud Jambudvipa, a nord Uttarakuru e a ovest Aparagodaniya.

Questi sono i quattro continenti che circondano il Monte Meru. A est c'è Purvavideha (che significa "la grande prosperità fisica") con tre isole di forma circolare. A sud si trova Jambudvipa ("luogo del suono Dzam" – simile al suono delle foglie di un albero che cadono nel mare) con tre isole di forma triangolare. Si dice che questa sia l'ubicazione del nostro regno di esperienza. A nord c'è Uttarakuru (che significa "notizie segrete e brutto suono") con tre isole semicircolari. Infine, a occidente si trova Aparagodaniya (che significa "grande prosperità materiale") con tre isole

OFFERTA DEL MANDALA

quadrate. È importante capire che questi "continenti" e "isole" non sono la rappresentazione di masse terrestri geografiche fisicamente esistenti. Essi rappresentano invece differenti regni di esperienza che esistono a diversi livelli di sottigliezza. Il mondo da noi conosciuto in base alla rappresentazione della scienza moderna, è solo una descrizione di un'isola all'interno del continente di Jambudvipa. Quando realizziamo che il nostro universo è solo una piccola parte di un universo multidimensionale molto più grande, iniziamo a capire quanto sia davvero vasta la cosmologia buddhista.

Mentre continuate ad aggiungere dettagli alle vostre visualizzazioni, dovreste collocare quattro mucchietti di offerte nelle quattro direzioni seguendo l'ordine menzionato nel testo. Quando fate l'offerta del mandala, la direzione est si trova nella parte del vassoio più vicina a voi. Per cui qui poniamo un mucchietto a est; poi uno a sud (il lato sinistro del vassoio); uno a nord (il lato destro del vassoio) ed uno a ovest (il lato del vassoio più lontano da voi).

Rahu, il sole, la luna e Kalagni e nel mezzo tutti i meravigliosi possedimenti degli umani e degli dèi, completi di tutto.

Ora il focus dell'attenzione si sposta a tutti i corpi celesti che costituiscono l'universo come noi lo conosciamo. Nella cosmologia del tantra di Kalachakra sono inclusi il sole, la luna ed i due "pianeti" chiamati Rahu e Kalagni. Il movimento di questi quattro corpi celesti svolge un ruolo importante nei cicli di tempo che sperimentiamo come esseri senzienti. A causa della loro influenza sulle nostre menti, questi corpi celesti hanno un profondo significato spirituale ed astrologico. Il pianeta Rahu (rappresentato da un disco nero) corrisponde all'apparizione di un'eclisse solare ed è connesso con il nodo settentrionale della luna. Il pianeta Kalagni (rappresentato da un disco giallo) corrisponde all'apparizione di un'eclisse lunare ed è associato al nodo meridionale della luna. Aggiungete quattro mucchietti di offerte per rappresentare ognuno di questi quattro pianeti.

Benché sia positivo conoscere la cosmologia tradizionale e visualizzare l'universo in tale modo, dovreste essere creativi e includere tutto ciò che è piacevole nel regno degli esseri umani e in quello degli dèi, compresi i laghi, le foreste, le montagne, i palazzi, i gioielli e le opere d'arte. Potete offrire anche l'Asia, l'Europa, l'America del nord e del sud, parchi nazionali, cascate, denaro, tappeti volanti, telefoni cellulari, banche e perfino oggetti della vostra mente come le qualità virtuose e le realizzazioni spirituali. Per ogni oggetto d'offerta immaginabile che desiderate offrire aggiungete un mucchietto di offerte al mandala fino a riempire il primo anello. Ricordate che ogni cosa che secondo voi è bella o di valore è un degno oggetto d'offerta. Non pensate di poter offrire solo i vostri possedimenti materiali. Tutte le vostre esperienze vi appartengono, pertanto queste sono le cose che state offrendo veramente, non gli oggetti fisici di per se stessi.

Tutte queste ricchezze io le offro, con grande devozione, al mio immacolato Lama radice e agli immacolati Lama del lignaggio, al mandala degli yidam, ai Buddha, ai bodhisattva, ai pratyeka, agli shravaka, alle dakini e ai protettori del Dharma che tutto vedono.

Successivamente collocate il vostro secondo anello più grande sopra il primo e, mentre generate mentalmente diversi oggetti d'offerta, posate più mucchietti di offerte nel mandala. Notate come il movimento del riso sia simile al sorgere e al dissolversi in rapida successione dei pensieri. Immaginate che, con ogni mucchietto, state offrendo un numero sempre maggiore delle vostre esperienze. Continuate così finché non avrete riempito completamente il secondo anello.

Poi collocate il terzo anello sopra il secondo immaginando che, con ogni mucchietto di offerte, state offrendo il livello più sottile della vostra esperienza. Ciò comprende tutte le propensioni karmiche virtuose accumulate da tempo senza inizio e tutte le qualità virtuose che avete sviluppato. Offrite le parti migliori di voi come persona.

Quando l'ultimo anello è completamente pieno, posizionate il gioiello che esaudisce i desideri sulla sommità per rappresentare il vostro conseguimento della piena e completa illuminazione. Pensate all'illimitato

OFFERTA DEL MANDALA

beneficio che porterete agli esseri senzienti nel futuro e offrite tale virtù come parte del mandala. Una volta riempito il mandala, lo dovreste alzare in gesto di offerta di tutte le sue ricchezze, con grande devozione, al campo di Rifugio, all'immacolato Lama radice e ai Lama del lignaggio e così via.

> *Vi prego, per compassione accettate questo mandala a beneficio di tutti gli esseri esseri e, dopo aver accettato questa offerta, per favore, concedetemi le vostre benedizioni!*

Dopo aver fatto questa offerta chiedete al campo di Rifugio di accettare il mandala. Essendo la compassione dei Buddha illimitata, le loro benedizioni si manifesteranno spontaneamente in noi una volta fatta l'offerta. La nostra offerta dell'universo dovrebbe includere i meriti accumulati da tutti gli esseri senzienti e da tutti gli esseri illuminati. Fare l'offerta in questo modo accresce i meriti di tutti gli esseri cosicché possano raggiungere l'illuminazione e pertanto l'offerta viene fatta per il bene di tutti gli esseri.

> *Tutte le virtù di corpo parola e mente accumulate da me e da tutti gli esseri nei tre tempi, con l'insieme delle eccellenti offerte di Samantabhadra di questo prezioso mandala, sia reali che visualizzate mentalmente, le offro al mio Lama e ai Tre Gioielli. Vi prego, accettatele con compassione e beneditemi!*

La collezione di virtù dei tre tempi si riferisce ai meriti che sono stati accumulati con corpo, parola e mente da un tempo senza inizio e anche ai meriti generati adesso e nel futuro, fino a che non raggiungeremo la Buddhità. Analogamente al verso precedente, chiedete al campo di Rifugio, incarnato dal Lama e dai Tre Gioielli, di accettare la vostra offerta e di benedire il vostro continuum mentale, rafforzando così la vostra pratica spirituale.

Questo è il verso finale dell'offerta di media lunghezza del mandala. Se volete, potete ripetere questi versi di continuo, contandoli come accumulazioni. Tuttavia, se il vostro obiettivo sono le accumulazioni, è più comune usare l'offerta breve di nove mucchietti spiegata qui di seguito.

TESORO NASCOSTO

Offerta breve del mandala

Questo terreno è asperso con acqua profumata e cosparso di fiori. Il suo centro è ornato dal Monte Meru, circondato dai quattro continenti, dal sole e dalla luna. Immaginando questo terreno come un campo di Buddha, io ne faccio offerta affinché tutti gli esseri possano gioirne.

Solitamente questa versione breve dell'offerta del mandala viene usata per le accumulazioni, benché sarebbe bene che, prima di iniziare le accumulazioni, recitaste una o più volte la versione di media lunghezza. Avrete bisogno solo della base del mandala o di un vassoio per i nove mucchietti di offerte.

Iniziate col pulire il vassoio dell'offerta con il polso mediante un movimento circolare in senso orario e, se volete, prima potete spruzzarvi sopra un po' d'acqua aromatica. Ciò simboleggia che il terreno viene purificato o asperso con acqua profumata e cosparso di fiori. Poi collocate un mucchietto di riso nel centro, la rappresentazione del Monte Meru, seguito da un mucchio di fronte, uno alla sinistra, uno alla destra e uno dietro. Questi ultimi mucchietti rappresentano le quattro parti dell'universo o i quattro continenti. Terminate con altri quattro mucchietti – uno tra il mucchietto di fronte e quello centrale, uno tra quello di sinistra e quello centrale, uno tra quello di destra e quello centrale e uno tra quello dietro e quello centrale. Questi rappresentano rispettivamente Rahu, il sole, la luna e Kalagni.

La visualizzazione è analoga a quella descritta nella pratica precedente. In particolare, la base del mandala dell'offerta è fatta di un materiale dorato e aspersa di profumo, rappresentando la molteplicità di profumi naturali, di piante e di fiori del nostro mondo. Poi visualizzate ogni tipo di cose piacevoli come gioielli, cristalli, fiori, erbe, cereali, il sole, la luna, fiumi, laghi, minerali, creature di tutte le forme e dimensioni ed altre bellezze naturali. Infine visualizzate l'intero insieme delle offerte che si trasforma in un campo di Buddha, una terra pura abitata da esseri illuminati con magnifici alberi, palazzi e altri esseri eccellenti, proprio come nella pratica del rifugio. Questo campo di Buddha ha il potere di portare beneficio agli esseri in infinite maniere e perciò lo offrite affinché tutti possano goderne. Per stabilire una connessione particolarmente propizia, potete riportare alla mente gli aspetti del regno sublime di Shambhala, immaginando che tutti gli esseri siano abbastanza fortunati da poter nascere lì.

GURU IDAM RATNA MANDALA KAM NIRYA TAYAMI
(Recitando questi versi, offrite il mandala)

Dopo ogni ripetizione della preghiera recitate questo mantra dell'offerta immaginando che il mandala visualizzato si dissolva in voi. Soffermatevi per un momento nella consapevolezza della natura ultima delle offerte che avete fatto. Poi pulite rapidamente il vassoio dell'offerta e recitate di nuovo la preghiera mentre collocate i nove mucchietti di riso sul vassoio per la prossima offerta.

Se l'accumulazione dei meriti è l'obiettivo principale della vostra pratica, dovrete ripetere questo processo molto rapidamente. Il modo più breve possibile è ripetere semplicemente il mantra mentre create e dissolvete il mandala. Se praticate in questo modo condensato è importante che siate sempre consapevoli del significato della pratica cosicché la pratica stessa non degeneri in un rituale vuoto. Potete anche alternare questa offerta breve con una versione più estesa, per esempio facendo un'offerta di media lunghezza dopo ventuno offerte brevi.

— *Kyabje Lama Lobsang Trinlé* —
Famoso abate del monastero di Tashi Chöthang e maestro Vajra di Kalachakra

CAPITOLO 8
Guru Yoga fondamentale

L'obiettivo del Guru Yoga, la quinta pratica preliminare del Kalachakra, è quello di unire la vostra mente con la mente benedetta del vostro maestro. A livello della realtà relativa recitate svariati tipi di preghiere e di suppliche per aprire il vostro cuore e la vostra mente alle benedizioni del Lama e per generare una grande devozione. A livello della realtà ultima imparate a riconoscere che il Lama ultimo non è altro che la vostra mente di saggezza. Ciò significa che il Lama non solo è una persona importante nella vostra vita, ma è il vostro cammino personale verso l'illuminazione. Siccome non siamo in grado di ricevere una guida diretta dagli esseri illuminati, dobbiamo fare affidamento su di una forma umana per stabilire una connessione con la saggezza illuminata del Buddha. Questo maestro esterno è la persona alla quale chiedete aiuto per smantellare il vostro ego. Tale processo di dissoluzione conduce alla scoperta del maestro interno, la vostra saggezza illuminata. La pratica del Guru Yoga è assolutamente essenziale se volete seguire il percorso tantrico verso l'illuminazione poiché le benedizioni del Lama sono ciò che vi permetterà di sviluppare la percezione pura e di aprire la porta a tutte le altre realizzazioni tantriche.

Se la vostra mente è scettica potreste essere molto diffidenti nei confronti dell'idea della devozione al Guru nel suo complesso – potrebbe darvi l'impressione di una cosa artificiale, teistica o poco democratica. Al livello più semplice, il buddhismo si fonda su ragionamenti logici e metodi pratici che ognuno può mettere alla prova facilmente. Potrebbe essere paragonato ad un buon manuale per imparare a guidare un'automobile. Tuttavia, pratiche come la devozione al Guru e il Guru Yoga vanno al di là di questo livello di base del buddhismo – potremmo considerarli come delle lezioni private con un istruttore di guida. Queste istruzioni personali vi forniscono la conoscenza essenziale frutto dell'esperienza di generazioni di maestri del lignaggio. Questa è la saggezza su cui facciamo affidamento per praticare in modo efficace.

Quando recitate le suppliche della pratica del Guru Yoga non dovreste limitarvi ad avere una devozione cieca in quanto i versi di questa pratica sono stati concepiti per aiutarvi a penetrare più in profondità nel vostro continuum mentale e per condurvi a una comprensione della verità che va al di là delle parole e dei concetti. Non dimenticate che la vera devozione nei confronti del Guru non è un rapporto teistico o dispotico ma piuttosto un modo di onorare l'accordo reciproco tra voi e il vostro maestro per il perseguimento dell'illuminazione.

Si dice che le benedizioni che riceviamo dal Lama corrispondano all'atteggiamento che abbiamo nei suoi confronti. Ad esempio lo possiamo vedere come un essere molto compassionevole, un nobile arhat o un Buddha totalmente illuminato. Tali atteggiamenti genereranno, rispettivamente, le benedizioni di un uomo compassionevole, le benedizioni di un arhat e le benedizioni di un Buddha.

Nel percorso tantrico lavoriamo per sviluppare la percezione pura capace di vedere il nostro Lama come inseparabile dal Buddha. Iniziamo col concentrarci sulle qualità esterne del Guru per ispirare la mente, poi ci focalizziamo sulla realtà interna del Guru vedendolo come indissolubile dalla natura di Buddha. Infine riconosciamo che la nostra natura di Buddha è inseparabile dalla natura di Buddha del Guru, per cui non vi è alcun Guru "là fuori" separato da noi. Essenzialmente è questa la trasformazione che viene supportata dal Guru Yoga. Ora ci sentiamo come se fossimo qui e la natura di Buddha fosse da un'altra parte. Lavorando con il Guru creiamo un ponte che ci connette con la nostra natura interiore e ci aiuta a svelarne le sue capacità illimitate.

Pratica del Guru Yoga con commento

La seguente pratica è la prima di tre Guru Yoga tradizionalmente impiegati nel lignaggio Jonang. Ciascuna pratica pone l'accento su un aspetto lievemente diverso per aiutare a rafforzare la vostra connessione con i maestri del lignaggio. In questa pratica del Guru Yoga fondamentale ci si concentra sul Lama radice, inseparabile da Vajradhara. Le altre due

GURU YOGA FONDAMENTALE

(presentate alla fine di questo libro) si focalizzano sui due maestri del lignaggio più importanti di questa tradizione: Kunkyen Dolpopa Sherab Gyaltsen e Jetsun Taranatha. Ognuno dei suddetti Guru Yoga usa la stessa struttura di base – stabilire la visualizzazione, rivolgere suppliche al Lama (e ad altri oggetti di rifugio), ricevere le quattro iniziazioni e fondere la vostra mente con la mente di saggezza del Lama.

Visualizzazione

Visualizza te stesso in un meraviglioso e vasto palazzo al centro di un reame puro. Il tuo maestro Vajra appare davanti a te, nel mezzo del palazzo, come Buddha Vajradhara. Egli è seduto sopra un fiore di loto con dischi di sole, luna, Rahu e Kalagni, sorretti da un trono di leoni.

Il maestro Vajra ha un corpo di colore blu, con un volto e due braccia, tiene un vajra e una campana con le braccia incrociate all'altezza del cuore. Le sue gambe sono nella postura del loto completo. Adorno con paramenti di seta e gioielli, con tutti i marchi e i segni di un Buddha, il suo corpo è raggiante e luminoso. Egli ti sorride compiaciuto di te.

Buddha Vajradhara è circondato dalle divinità delle quattro classi del tantra, dai lama di tutti i lignaggi e dall'intera assemblea di yidam, Buddha, bodhisattva, shravaka, pratyeka, dakini e protettori del Dharma. Sviluppa la percezione che siano tutti realmente presenti dinnanzi a te.

La pratica del Guru Yoga inizia invocando il vostro Lama, il maestro Vajra, nella forma divina del Buddha Vajradhara, che è l'incarnazione di tutti i maestri del lignaggio, i Buddha, i bodhisattva, ecc. Come nella pratica del rifugio, pensate che tutte le apparenze si dissolvano nella vacuità, dalla quale sorge un regno puro con un magnifico e immenso palazzo, simile al riflesso della luna su un lago. Poi il Lama appare nello spazio davanti a voi nella forma del Buddha primordiale Vajradhara su un trono del leone, con i dischi di loto, sole, luna, Rahu e Kalagni e vi guarda con affetto, indicando la vostra intima connessione personale con lui. I dettagli della visualizzazione dell'assemblea e il significato di ciascun tipo di essere illuminato sono stati descritti nella sezione della presa di rifugio.

Guru Vajradhara

In questa pratica, a differenza dell'assemblea nella visualizzazione del rifugio, il campo di esseri illuminati si riunisce come una folla intorno al vostro Lama radice.

La vostra visualizzazione dovrebbe essere chiara, vivida e vibrante pur apparendo come un riflesso, in quanto nessuno degli oggetti visualizzati possiede una natura esterna realmente esistente. Se avete familiarità con alcuni dei grandi maestri del lignaggio, riportare alla mente alcune delle loro storie personali vi agevolerà a dare vita alla visualizzazione. Come nel caso di qualsiasi pratica di visualizzazione, dovreste cercare di visualizzare gli oggetti al meglio che potete. Tuttavia i dettagli non sono così importanti quanto la sensazione generata dalla pratica o il suo significato sottostante.

Avendo visualizzato il campo dei meriti, fai vaste offerte, sia reali che visualizzate mentalmente. Nel momento in cui inizi la pratica dovresti avere una profonda fede di possedere la natura di Buddha e nel fatto che questa possa essere rivelata attraverso una sincera devozione per il tuo immacolato Lama radice.

Dopo aver visualizzato il campo dei meriti, immaginate di fare vaste offerte al Lama Vajradhara e al resto dell'assemblea illuminata. Potete anche fare offerte fisiche al Lama, per esempio collocando oggetti preziosi davanti al vostro altare. Da un punto di vista più concreto potete promettere di offrire al Lama il vostro tempo, i vostri servizi, supporto finanziario o altri tipi di aiuto a seconda delle vostre capacità.

Quando iniziate la pratica dovreste avere una devozione sincera e salda, una fiducia totale nella verità del percorso che state seguendo, essendo convinti che possedete la natura di Buddha e che questa, senza alcun dubbio, può essere portata alla luce. La fede implica, essenzialmente, fiducia nel processo di causa ed effetto. Così come siete certi di poter fare un dolce quando avete tutti gli ingredienti, allo stesso modo dovreste avere fiducia nel cammino spirituale quando certe condizioni sono presenti. Queste condizioni comprendono la rinuncia, la compassione, la devozione e, soprattutto, la consapevolezza di possedete la natura di Buddha.

Preghiere ai maestri del lignaggio

Gentile e prezioso Lama radice, ogni cosa buona e virtuosa nel samsara e nel nirvana è sorta dal tuo potere illuminato. Mio protettore, fonte della realizzazione di tutti i desideri, ti supplico dal profondo del mio cuore.

Secondo il buddhismo Vajrayana il vostro gentile e prezioso Lama radice, la cui natura è inseparabile da quella di tutti i Buddha, è la fonte di ogni cosa virtuosa, buona e benefica concepibile. Benché la sua saggezza sia uguale a quella dei grandi Buddha, la sua gentilezza è maggiore poiché il Lama radice si manifesta a voi in questo momento, nella vostra vita. Dovreste pregare il Lama radice dal profondo del vostro cuore, riportando alla mente la sua grande gentilezza e compassione, tutte le circostanze in cui vi ha aiutato e i piccoli atti di gentilezza e di compassione di cui riuscite a ricordarvi. Così facendo state in realtà invocando l'aspetto di saggezza della vostra mente.

Prego il corpo di verità di grande beatitudine che tutto pervade,
il Buddha primordiale Vajradhara che dimora in Akanishta.
Prego Kalachakra, corpo di godimento.
Prego Buddha Shakyamuni, corpo di emanazione,
il supremo tra i Shakya.
Prego il mio lama che incarna i quattro corpi del Buddha.

Il lignaggio che il Lama radice incarna inizia con il Buddha primordiale Vajradhara, la cui forma rappresenta il corpo dharmakya onnipervasivo della realtà dell'illuminazione, immutabile e al di là della forma. Akanishta letteralmente significa "il supremo" e, in questo caso, si riferisce alla sfera illuminata del Buddha dharmakaya, il regno di Vajradhara. Kalachakra rappresenta il corpo di godimento sambhogakaya dell'illuminazione, mentre il Buddha Shakyamuni rappresenta il corpo di emanazione e, insieme, sono la manifestazione compassionevole dell'energia illuminata per il bene degli altri. Preghiamo il Lama che incarna i quattro kaya del Buddha ovvero i tre kaya precedentemente menzionati assieme allo svabhavikakaya, che è l'unione dei tre.

Prego i re del Dharma, i traduttori e i pandita:
i trentacinque re di Shambhala, emanazioni dei Vittoriosi,
i due Kalachakrapada, il Vecchio e il Giovane e i due insuperabili eruditi, Nalendrapa e Somonatha.

Questo verso ci connette con alcuni dei maestri più importanti del lignaggio Jonang-Shambhala. I re del Dharma, i traduttori e i pandita comprendono i trentacinque re del Dharma, responsabili di preservare gli insegnamenti del Kalachakra a Shambhala; i due Kalachakrapada che portarono gli insegnamenti del Kalachakra nel mondo degli esseri umani e i due grandi eruditi di Nalanda che diffusero estesamente gli insegnamenti del Kalachakra, Nalendrepa e Somonatha.

Prego i tre lama che hanno ottenuto i siddhi supremi:
il protettore di tutti gli esseri Konchoksung,
il grande meditatore realizzato Droton Namseg,
e il grande mahasiddha Drupchen Yumo Chöky Rachen, grande diffusore del Dharma.

Ora iniziamo ad invocare i Lama del lignaggio in gruppi di tre, seguendo approssimativamente un ordine cronologico e ricordando le loro eccezionali qualità. I siddhi supremi si riferiscono alle realizzazioni spirituali straordinarie. Konchoksung, noto anche come Lama Lhaje Gompa, fu un grande nagpa (praticante tantrico laico) che divulgó estesamente gli insegnamenti del Kalachakra. Anche Droton Namseg fu un nagpa e si dice che avesse sviluppato una connessione diretta con molte divinità illuminate mediante pratiche meditative eccezionali. Drupchen Yumo Chöki Rachen fu un monaco completamente ordinato, famoso per i suoi poteri spirituali straordinari e noto come un grande mahasiddha.

Prego le tre meravigliose fonti di rifugio:
il nirmanakaya Seachok Dharmeshvara, il figlio supremo,
l'impeccabile studioso del Dharma Khipa Namkha Oser,
il maestro di poteri magici e chiaroveggenza Semonchen.

Seachok Dharmeshvara fu ritenuto essere un'emanazione di Manjushri ed era figlio di Drupchen Yumo. Khipa Namkha Öser fu un erudito straordinario ed impeccabile, un grande yogi tantrico con una profonda conoscenza delle opere di Asanga e del tantra di Kalachakra. Semochen raggiunse una rapida realizzazione dopo aver praticato i Sei Vajra Yoga, ottenendo così la chiaroveggenza e altre abilità paranormali.

Prego i tre supremi salvatori:
il dissipatore dell'oscurità Jamsar Sherab,
l'onnisciente Kunkhyen Chöku Öser
e colui che ha realizzato la beatitudine immutabile, Kunpang Thukje Tsondru.

Jamsar Sherab (noto anche come Chöje Jamyang Sarma) fu un maestro altamente realizzato che guarì dalla lebbra dopo aver intrapreso un lungo ritiro di pratica. Chöku Öser, conosciuto come l'onniscente o colui che tutto conosce, fu un grande erudito dei sutra e dei tantra e fu anche uno yogi altamente realizzato. Kunpang Thukje Tsondru fu considerato un'emanazione di uno dei re Kalki di Shambhala, avendo unificato tutti i lignaggi del Kalachakra nel Tibet e perfezionato la beatitudine immutabile mediante la pratica dei Sei Vajra Yoga.

Prego i tre incomparabili lama:
il conquistatore della grande saggezza Jangsem Gyalwa Yeshe,
l'oceano di grandi qualità Khetsun Zangpo,
l'onnisciente Buddha dei tre tempi Dolpopa.

Jangsem Gyalwa Yeshe, pur avendo avuto un successo limitato nella pratica del Dhama durante le prime fasi della sua vita, ottenne delle realizzazioni eccezionali e una grande saggezza dopo aver praticato i Sei Vajra Yoga sotto la guida di Thukje Tsondru. Khetsun Zangpo (noto anche come Khetsun Yonten Gyatso) fu conosciuto per le sue molteplici qualità straordinarie, come la sua impeccabile condotta morale, e per le realizzazioni incredibilmente rapide conseguite nelle pratiche del Vajrayoga. Dolpopa, il grande erudito della tradizione Jonang che unificò il lignaggio tantrico del Kalachakra con il lignaggio Zhentong dei sutra, fu considerato l'emanazione dei Buddha dei tre tempi poiché la sua realizzazione e la sua conoscenza degli insegnamenti del Buddha erano straordinariamente profonde.

Prego le tre radici del Dharma vivente:
il vittorioso su tutti Choklé Namgyal,
la sorgente universale di gioia Nyabonpa
il tesoro di conoscenza e compassione Kunga Londrö.

Choklé Namgyal era noto come "l'invincibile" poiché riusciva a memorizzare tutti i massimi testi ed era imbattibile nei dibattiti, uscendone così sempre vincitore. Nyabonpa (conosciuto anche come Tsungmed Nyabon Kunga) fu uno scrittore prolifico e un maestro di Dharma altamente rispettato i cui insegnamenti furono fonte di gioia per tutti. Kunga Lodrö studiò estesamente nel primo arco della sua vita trasformando la sua mente in un tesoro di conoscenza e in seguito divenne uno yogi errante, spinto da una grandissima rinuncia e compassione.

Prego i tre meravigliosi lama:
l'incarnazione dei Tre Gioielli Trinlé Zangpo,
il protettore del Dharma definitivo che si diffonde in ogni luogo Nyeton Damcho,
lo straordinario maestro dei sutra e dei tantra Namkha Palzangpo.

Trinley Zangpo (noto anche come Jamyang Konchog Zangpo) si formò in vari monasteri di tutte le tradizioni, incarnando così tutti gli insegnamenti dei Tre Gioielli. Nyeton Damcho (conosciuto anche come Drenchog Namkha Tsenchan) conseguì grandi realizzazioni praticando i Sei Vajra Yoga e, in qualità di abate di due grandi monasteri, fu un protettore del Dharma definitivo che si diffonde in ogni luogo. Namkha Palzangpo (noto anche come Panchen Namkha Palzang) si formò inizialmente nella tradizione Sakya e diventò un eminente erudito dei sutra e dei tantra, specialmente del glorioso tantra di Kalachakra.

Prego i tre che hanno compiuto benefici insuperabili per gli altri:
il grande traduttore Ratnabhadra,
la sorgente di gioia per tutti gli esseri Lama Kunga Drolchok,
il testimone del significato definitivo senza inizio Lungrig Gyaytso.

Si dice che Ratnabhadra avesse portato grande beneficio agli altri grazie alla sua abilità di pacificare i demoni mediante la sua connessione con la divinità irata Mahakala, oltreché per essere stato il fondatore di vari monasteri. Lama Kunga Drolchok fu un grande maestro Rimé che aveva una connessione molto stretta con la Dakini Niguma e portò grande gioia a tutti gli esseri attraverso la sua opera di Dharma. Lungrig Gyatso ottenne una realizzazione straordinaria attraverso la pratica dei Sei Vajra Yoga, compreso il completo controllo dello stato di sogno, e fu pertanto un testimone del significato definitivo senza inizio della verità ultima.

Prego i tre dall'ineguagliabile gentilezza:
il grande liberatore Drolway Gonpo,
il tesoro di tutte le qualità vaste come l'oceano Kunga Rinchen,
l'incarnazione di tutti gli esseri illuminati Khidrup Namgyal.

Drolway Gonpo (noto anche come Taranatha o Kunga Nyingpo) fu un grande liberatore degli esseri in quanto insegnò il Dharma diffusamente, fu uno scrittore prolifico e infuse nuova vita alla tradizione Jonang. Kunga Rinchen (conosciuto anche come Ngonjang Rinchen Gyatso) fu un grande erudito e maestro noto per la sua abilità di assimilare corposi volumi di conoscenza e per altre qualità vaste come l'oceano, frutto delle sue realizzazioni in vite precedenti. Khidrup Lodrö Namgyal era creduto essere la reincarnazione della madre di Dolpopa e lo si considerava l'incarnazione di tutti gli esseri illuminati poiché raggiunse grandi abilità spirituali testimoniate da segni miracolosi che si manifestavano ogniqualvolta eseguiva certi rituali.

Prego i tre detentori del tesoro dei sacri insegnamenti:
il signore della parola Thugye Trinlé,
il vittorioso Tenzin Chogyur
l'ornamento della pratica del Dharma Ngawang Chöjor.

Ngawang Thugye Trinlé (conosciuto anche come Chalongwa) nacque a Chosang nell'anno del cavallo di legno ed ebbe sin da bambino molti poteri spirituali, come ad esempio la capacità di pacificare i demoni. Fu istruito da numerosi lama, compresi il Panchen Lama Lobsang Chogyen e Chöjé Kunsang Wangpo, che gli impartì in particolare i Sei Yoga di Kalachakra. Ebbe molti discepoli dalla regione di Golok fino a quella di Zuka Ta Tse. Tenzin Chogyur (conosciuto anche come Ngawang Tenzin Namgyal) raggiunse molte grandi realizzazioni praticando i Sei Vajra Yoga e, per questo, fu vittorioso nella pratica del Dharma. Ngawang Chöjor (noto anche come Ngawang Khetsun Dargye) fu considerato un ornamento della pratica del Dharma grazie alle sue grandi realizzazioni che comprendevano il conseguimento di poteri magici durante i sogni e la continua percezione del suo corpo nello stato di chiara luce.

Prego i tre lama che spontaneamente compiono attività illuminate:
l'ornamento della condotta perfetta Trinlé Namgyal,
il grande tesoro e siddha del Dharma Chökyi Peljor,
il detentore delle perfette istruzioni essenziali Gyalwe Tsenchang.

Trinlé Namgyal ricevette insegnamenti da molti maestri e conseguì profonde realizzazioni attraverso la pratica dei Sei Vajra Yoga; per questo era rispettato come il depositario di molteplici virtù, tra le quali la condotta perfetta. Chökyi Peljor ricevette i Sei Yoga di Kalachakra dal suo maestro Khetsun Dargye. Ottenne rapidamente i segni delle realizzazioni dello stadio di completamento del Kalachakra e diventò un autentico detentore del lignaggio. Fu conosciuto con il nome di Shayul Chögor ed era anche un chiaroveggente in grado di leggere la mente altrui. Gyalwe Tsenchang (noto anche come Nuden Lhundrup Gyatso) nacque nello Zuka Yakdo. Fu riconosciuto come la reincarnazione di Tsangwa Ngawang Trinlé. Divenne un residente del Palazzo di Yakdo e fu noto per essere un maestro spirituale assai stimato in molti luoghi. Fu tenuto in grande considerazione come guida spirituale dal monarca Ahkyong, suo mecenate.

Prego i tre lama che liberano gli esseri mediante il suono e la vista:
la quintessenza dei Tre Gioielli Jigme Namgyal,
l'incarnazione di tutti i salvatori Chöpel Gyatso,
colui che ha realizzato il corpo di unione dell'illuminazione Chözin
Gyatso.

Jigme Namgyal, che fu creduto essere la terza reincarnazione di Khidrup Lodrö Namgyal, conseguì molte qualità straordinarie a seguito di uno studio e di una pratica ineccepibili. Chöpel Gyatso divenne famoso per le sue straordinarie abilità di chiaroveggenza. Quando morì molti arcobaleni apparvero nel cielo a testimonianza della sua grande realizzazione. Chözin Gyatso fu considerato l'emanazione di Akashagarbha. Le sue realizzazioni erano così profonde che poteva compiere prodigi come camminare attraverso i muri e viaggiare nelle terre pure, come ad esempio a Shambhala, ove ricevette insegnamenti che poi portò in Tibet.

> *Prego i tre ornamenti del santo Dharma:*
> *il divulgatore del Dharma d'oro Tenpa Rabgye,*
> *l'incomparabile saggezza nelle attività illuminate Lobsang Trinlé,*
> *colui che fa prosperare la saggezza di Manjushri nel continente, Jamphel Lodrö.*

Tenpa Rabgye ricevette tutte le istruzioni sui Sei Vajra Yoga da Ngawang Chözin e sperimentò molti segni che indicavano la sua maestria nella pratica. Ebbe una vita molto umile e lasciò il corpo all'età di settantadue anni, rimanendo in uno stato di chiara luce per sei giorni. Anche Lobsang Trinlé si concentrò molto sulla pratica del Kalachakra. Dopo aver contratto la lebbra intorno ai trent'anni e dopo essere entrato in un ritiro solitario di pratica di Vajrapani per cinque anni, dedicò il resto della sua vita a curare gli altri dalla lebbra e da altri malattie. Lavorò anche senza sosta per ricostruire il buddhismo Mahayana e Vajrayana nella sua forma pura. Jampel Lodrö fu riconosciuto come la reincarnazione di Getse Khentrul, che in una vita precedente fu il maestro di Kalachakra Chözin Gyatso. Studiò le cinque tradizioni buddhiste tibetane in undici diversi monasteri in Tibet. Dopo un pellegrinaggio in India per praticare nei luoghi buddhisti più sacri, si recò in Australia con la ferma determinazione di insegnare e tradurre il Dharma in lingua inglese.

Preghiera in sette rami e suppliche

> *Mi prostro a te con corpo, parola e mente, ultimo, infallibile ed eterno rifugio.*
> *Offro infinite nuvole di offerte, sia reali che generate mentalmente.*

Questo verso è l'inizio di ciò che viene chiamato la "pratica in sette rami". Nella tradizione buddhista tibetana si recita questo insieme di preghiere di sette pratiche come preliminare di molte altre pratiche, in quanto offre una versione condensata di numerose istruzioni essenziali per accumulare meriti e saggezza.

GURU YOGA FONDAMENTALE

Il primo ramo è simile alla pratica della presa di rifugio in cui vi prostrate con corpo, parola e mente per *rendere omaggio* e mostrare rispetto al rifugio ultimo, infallibile ed eterno del Lama e dei Tre Gioielli, che hanno il potere di liberare voi e tutti gli esseri dal samsara. Ciò funge da antidoto al nostro orgoglio. Il secondo ramo della preghiera consiste nell'*offrire* infinite nuvole di offerte, sia reali che generate mentalmente, come metodo per accumulare meriti. Recitando tali preghiere dovreste visualizzare il campo di Rifugio come descritto in precedenza, mentre voi e tutti gli esseri senzienti offrite prostrazioni e altri oggetti preziosi come nella pratica dell'offerta del mandala. Ciò funge da antidoto contro la nostra avarizia o mancanza di generosità.

Confesso tutte le mie negatività e trasgressioni accumulate da tempo senza inizio. Gioisco di tutte le virtù del samsara e del nirvana. Prego affinché tu giri la ruota del Dharma incessantemente.

Il terzo ramo della pratica in sette rami consiste nel *confessare* tutte le nostre negatività e trasgressioni mentre il Lama e i Tre Gioielli ci fanno da testimoni. Analogamente alla pratica di Vajrasattva, tutti i quattro poteri dovrebbero essere presenti. Avendo come sostegno il Lama e i Tre Gioielli, dovreste coltivare un rimorso sincero nei confronti di tutte le negatività accumulate con il corpo, la parola e la mente, come se aveste appena ingerito del veleno, e pertanto prendete la decisione di non farlo più in futuro. Potete visualizzare, quale antidoto, raggi di luce che si irradiano dai Tre Gioielli e dissipano tutte le vostre negatività. Queste negatività assumono la forma di un ammasso nero sulla punta della vostra lingua.

Dopo questa pratica della confessione c'è il quarto ramo. Qui *gioite* di ogni virtù del samsara e del nirvana, il che include tutti i meriti accumulati da voi e dagli altri, sia gli esseri senzienti ordinari che gli esseri illuminati. Ciò vi permette di accumulare grandi quantità di meriti e funge da antidoto contro la gelosia.

Il quinto ramo consiste nel pregare il Lama e i Tre Gioielli di *girare la ruota del Dharma* incessantemente in quanto, se non vi fosse qualcuno a insegnarci il Dharma, non ci sarebbe modo di ottenere la liberazione dal samsara e ci troveremmo nella stessa situazione di una persona cieca abbandonata da sola nel deserto. Dopo aver ottenuto l'illuminazione il Buddha inizialmente decise di non insegnare, ma poi si ricredette quando gli dei Brahma e Indra gli rivolsero offerte, pregandolo di girare la ruota del Dharma. In modo analogo dovremmo chiedere a tutti i depositari degli insegnamenti del Buddha di continuare a trasmettere i loro insegnamenti in questo mondo quale antidoto contro le nostre illusioni.

> *Ti supplico di rimanere qui con noi senza entrare nel parinirvana. Attraverso la dedica di tutte queste virtù possiamo io e tutti gli esseri ottenere velocemente l'illuminazione suprema!*

Dopo aver pregato il Lama e i Tre Gioielli affinché girino la ruota del Dharma, nel sesto ramo preghiamo affinché *continuino a rimanere* con noi per sempre nel samsara senza passare nel parinirvana, lo stato al di là di ogni sofferenza in cui il Buddha entrò quando morì. Sebbene il Buddha trascenda in realtà la nascita e la morte, la nostra abilità di vederlo dipende dai nostri meriti e pertanto, nel fare questa richiesta, preghiamo di avere i meriti per continuare a ricevere i suoi insegnamenti.

Il settimo e ultimo ramo di questa pratica è la *dedica*, mediante la quale offriamo ogni virtù affinché noi stessi e tutti gli altri possiamo raggiungere velocemente l'illuminazione suprema. Come nel caso delle pratiche di dedica precedenti, non solo dovreste offrire la vostra virtù, ma anche tutti i meriti accumulati da voi e dagli altri nel passato, nel presente e nel futuro. Non vi sono dubbi che questa intenzione sconfinata condurrà ad un risultato sconfinato.

> *Prego il mio prezioso Lama glorioso, Signore del Dharma e incarnazione di tutti i Buddha.*
> *Prego il mio prezioso Lama glorioso, Signore del Dharma, che possiede i quattro kaya del Buddha.*

Questo verso ci ricorda di nuovo come, nella pratica del Vajrayana, il Lama sia l'oggetto di rifugio più importante, essendo l'incarnazione di tutti i Buddha, ovvero il nostro contatto vivente con l'energia universale dell'illuminazione. Se impariamo a vedere il Lama come un essere illuminato che possiede i quattro kaya del Buddha, avremo un sentiero mediante il quale scoprire i quattro kaya interni della nostra natura illuminata.

Prego il mio prezioso Lama glorioso, Signore del Dharma, mio ineguagliabile rifugio ultimo.
Prego il mio prezioso Lama glorioso, Signore del Dharma, mio ineguagliabile salvatore ultimo.

Il Lama è il vostro ineguagliabile rifugio ultimo e l'ineguagliabile salvatore ultimo in quanto incarna il rifugio ultimo dei Tre Gioielli, i quali ci offrono un sentiero inequivocabile e senza uguali grazie al quale possiamo essere tratti in salvo dalla sofferenza del samsara ed ottenere la perfetta illuminazione.

Prego il mio prezioso Lama glorioso, Signore del Dharma, che insegna il sentiero supremo verso la liberazione.
Prego il mio prezioso Lama glorioso, Signore del Dharma, la sorgente di tutti i sublimi ottenimenti.
Prego il mio prezioso Lama glorioso, Signore del Dharma, che dissipa l'oscurità dell'ignoranza.

In questo verso stiamo riconoscendo la nostra profonda gratitudine nei confronti del Lama, ricordandoci del fatto che lui ci insegna il cammino supremo verso la liberazione, ci mostra tutti i sublimi ottenimenti, in quanto è la nostra connessione con i Buddha, e dissipa l'oscurità dell'ignoranza che ci impedisce di raggiungere l'illuminazione.

Per favore, conferiscimi l'iniziazione!
Per favore, conferiscimi la forza di impegnarmi nella pratica con completa dedizione!

Ora rivolgiamo una supplica al Lama affinché ci conferisca l'iniziazione, un rituale formale per farci stabilire una connessione con la sua saggezza illuminata (come descritto nel paragrafo successivo). Nel buddhismo Mahayana la natura vuota della mente viene presentata attraverso un'analisi filosofica e contemplativa, in modo che la mente dapprima comprenda la vacuità e poi la scopra. Mediante l'iniziazione (*abhisheka* in sanscrito), non solo la mente, ma anche il corpo e la parola, vengono presentati quali manifestazioni della nostra natura di Buddha, come per dire "Ce l'avete!". Non stiamo ricevendo qualcosa di esterno a noi ma stiamo attivando un processo per riconoscere qualcosa che sta dentro di noi.

Preghiamo anche il Lama affinché ci conferisca l'iniziazione, permettendoci così di intraprendere la pratica del Dharma con completa dedicazione. Tale richiesta è un modo potente di creare le condizioni propizie per una pratica del Dharma autentica.

Possa ogni ostacolo essere eliminato cosicché io possa dedicare la mia vita alla pratica!
Possa esperire l'essenza della pratica!

Gli ostacoli alla pratica spirituale includono gli ostacoli esterni, come i problemi finanziari o i nemici che agiscono contro di noi, e gli ostacoli interni, come l'avarizia o il desiderio, che allontanano la nostra mente dalla pratica del Dharma. Inoltre preghiamo di fare esperienza dell'essenza della pratica, ovvero di conseguire la vera realizzazione invece di una semplice comprensione intellettuale.

Possa la mia pratica raggiungere la perfezione assoluta!
Possa io naturalmente emanare amore, compassione e bodhicitta!

Per avere successo nella nostra pratica del Dharma abbiamo bisogno di dedizione o devozione nei confronti del Dharma e di una buona concentrazione focalizzata. Inoltre abbiamo anche bisogno della capacità di coltivare l'amore, la compassione e la bodhicitta, che dovrebbero diventare parte integrante di noi, cosicché saremo in grado di emanare naturalmente queste qualità.

Possa io unire perfetta concentrazione e visione profonda!
Possa conseguire vera esperienza e suprema realizzazione del Dharma!

GURU YOGA FONDAMENTALE

Se saremo in grado di integrare la perfetta concentrazione con la visione profonda, potremo sperimentare la realtà della nostra natura di Buddha e sradicare completamente le impurità mentali. Pertanto preghiamo di conseguire shamatha, lo stato di perfetta concentrazione focalizzata grazie al quale la mente può venire indirizzata con straordinaria intensità, come un riflettore, su qualsiasi oggetto di nostra scelta. Ciò condurrà a vipashyana, lo stato di chiara visione della vera natura della realtà.

Possa perfezionare la pratica del profondo sentiero del Vajrayoga!
Possa conseguire i siddhi del grande sigillo in questa stessa vita.

Da ultimo preghiamo il Lama affinché possiamo praticare e realizzare il profondo sentiero del Vajrayoga, lo straordinario metodo tantrico del Kalachakra della tradizione Jonang noto come i Sei Vajra Yoga.

Ricevere le quattro iniziazioni

Attraverso le quattro iniziazioni veniamo introdotti al corpo, alla parola, alla mente e alla saggezza primordiale illuminati del Lama, che sono in realtà una manifestazione della nostra stessa natura di Buddha. Il "corpo, parola e mente" a cui veniamo introdotti possono essere compresi a molti livelli di significato differenti ma, in parole semplici, stiamo purificando il corpo sottile (costituito da canali e chakra), la parola sottile (i venti interni), la mente sottile (le essenze) e infine la combinazione dei tre (nota come la coscienza fondamentale). Secondo il sistema del Kalachakra, le quattro iniziazioni autentiche avvengono con una consorte di saggezza segreta, per cui la pratica di ricevere le iniziazioni è qui una rappresentazione simbolica di questo livello più profondo.

Dalla sillaba OM (ॐ) alla fronte del mio Lama radice, il grande Vajradhara, raggi di luce bianca si emanano e si dissolvono nel chakra della mia fronte, purificando le negatività e gli oscuramenti del corpo. Possa io ricevere l'iniziazione del vaso ed essere benedetto dal corpo illuminato!

Con la prima iniziazione, conosciuta come l'*iniziazione del vaso*, raggi di luce bianca si irradiano dal chakra della fronte del Lama e si dissolvono nel vostro chakra della fronte, che si trova nel punto intermedio tra gli occhi, un centimetro sopra il ponte nasale. Ciò purifica gli oscuramenti del corpo relativi alle azioni negative, come rubare o infliggere lesioni fisiche agli altri ed elimina le impurità dei canali e dei chakra. Così venite benedetti dal Corpo Vajra illuminato, diventate un veicolo consono per la pratica della visualizzazione e siete potenziati con le propensioni per ottenere il nirmanakaya, i corpi di emanazione di un Buddha.

Dalla sillaba AH (ཨཱཿ) alla gola del Lama, raggi di luce rossa si emanano e si dissolvono nel mio chakra della gola, purificando le negatività e gli oscuramenti della parola. Possa io ricevere l'iniziazione segreta ed essere benedetto dalla parola illuminata!

Nella seconda iniziazione, nota come l'*iniziazione segreta*, raggi di luce rossa si irradiano dal chakra della gola del Lama e si dissolvono nel chakra della vostra gola, che si trova proprio al di sopra del pomo di Adamo. Ciò purifica le negatività e gli oscuramenti della parola relativi alle azioni negative come dire cose offensive o non vere. Inoltre elimina le impurità dei venti interni. Così venite benedetti dalla Parola Vajra illuminata, diventate un veicolo consono per la pratica della recitazione del mantra e siete potenziati con le propensioni per ottenere il sambhogakaya, i corpi di godimento di un Buddha.

Dalla sillaba HUNG (ཧཱུྃ) al cuore del Lama, raggi di luce blu scura si emanano e si dissolvono nel mio chakra del cuore, purificando le negatività e gli oscuramenti della mente. Possa io ricevere l'iniziazione della saggezza ed essere benedetto dalla mente illuminata!

Nella terza iniziazione, conosciuta come l'*iniziazione della saggezza*, raggi di luce blu scuro si irradiano dal chakra del cuore del Lama e si dissolvono nel vostro chakra del cuore, che si trova al centro del petto. Ciò purifica gli oscuramenti mentali relativi ai pensieri negativi come l'avidità, l'odio e i pregiudizi ed elimina le impurità delle essenze sottili. Così venite benedetti dalla Mente Vajra illuminata, diventate un veicolo consono per le pratiche come il tummo (che coinvolge i venti ed i canali) e venite potenziati con le propensioni per ottenere il dharmakaya, il corpo di verità del Buddha.

Dalla sillaba HO (ཧོཿ) al chakra dell'ombelico del Lama, raggi di luce gialla si emanano o e si dissolvono nel mio chakra dell'ombelico, purificando tutte le propensioni per la mente concettuale e l'attaccamento. Possa io ricevere la quarta sacra iniziazione; possa io ricevere le impronte dei quattro corpi del Buddha ed essere benedetto dall'indistruttibile saggezza primordiale!

Nella quarta iniziazione, nota come l'*iniziazione della parola*, raggi di luce gialla si irradiano dal chakra dell'ombelico del Lama e si dissolvono nel vostro chakra dell'ombelico, che si trova quattro dita sotto l'ombelico stesso. Ciò purifica tutte le propensioni per il pensiero concettuale e l'attaccamento, ovvero gli oscuramenti cognitivi e le impronte karmiche accumulati nella coscienza fondamentale, il "terreno di tutte le cose". In questo modo vengono eliminate tutte le impurità residue dei tre veleni precedentemente menzionati. Così venite benedetti dall'indistruttibile Saggezza Primordiale Vajra, diventate un veicolo consono alla meditazione diretta sulla verità ultima e venite potenziati con le propensioni per ottenere il svabhavikakya, l'eccelso corpo di natura del Buddha.

Fondere la mente con la mente di saggezza del Lama

Il Lama si dissolve in luce e poi si dissolve in me. La mia stessa mente diventa inseparabile dalla mente del dharmakaya del Lama. Possa io rimanere senza sforzo in questo stato non concettuale e naturale della mente.

Analogamente alle pratiche precedenti, terminate la pratica del Guru Yoga dissolvendo l'intera visualizzazione mentre osservate e contemplate l'inseparabilità tra voi ed il Lama. Il Lama si dissolve in luce e poi si dissolve in voi. Quando ciò avviene la vostra mente diventa inseparabile dalla mente del dharmakaya del Lama. All'inizio della pratica c'è ancora una nozione di un "voi stessi" separato dal Lama, come il grano e il riso che possono essere ancora distinti anche se sono mischiati assieme.

Quando progredite lungo questo sentiero non esiste più separazione, la vostra mente si fonde completamente con la mente di saggezza del Lama. Diventano inseparabili come l'acqua versata nell'acqua. Alla fine vi rendete conto che non c'era mai stata una distinzione tra la vostra mente e quella del Lama, la quale non è nient'altro che la vostra natura di Buddha. Non state fondendo solo la vostra mente con quella del Lama, ma tutto il vostro essere, compreso il corpo e la parola, anche se in realtà non c'è mai stato niente da fondere in quanto non sono mai stati separati.

Dopo aver unito la vostra mente con la mente di saggezza del Lama dovreste rimanere, in modo naturale, in questo stato non concettuale e spontaneo al meglio delle vostre possibilità. Lasciate che la vostra mente si fonda con quella del Lama quanto più a lungo possibile. Non appena perdete questo senso di unità potete recitare le preghiere del Guru Yoga per alcuni minuti e poi fare di nuovo esperienza dell'unione con il Lama, osservando questo processo senza idee preconcette.

Potrebbe volerci un po' di tempo per comprendere questa pratica e acquisire dimestichezza con essa, perciò non dobbiamo scoraggiarci se non riusciamo a percepire nulla all'inizio. Affinché questa pratica porti dei risultati, devono essere presenti molteplici condizioni in relazione a colui che dà, a colui che riceve ed alla connessione tra loro. Il Lama deve avere un collegamento puro con un lignaggio autentico, noi dobbiamo generare una grande quantità di meriti e mantenere il giusto tipo di devozione e dobbiamo avere una buona relazione o una stretta connessione karmica con il Lama.

Dedica

> *Possa io diventare proprio come voi, gloriosi Lama radice e Lama del lignaggio.*
> *Possa io avere dei discepoli, una lunghezza di vita, una reputazione e una terra pura proprio come i vostri!*

Dedichiamo le virtù accumulate con questa pratica del Guru Yoga all'aspirazione di emulare i gloriosi Lama radice e Lama del lignaggio. Solamente la nostra percezione limitata ci impedisce di vedere che essi sono, in realtà, Buddha completamente illuminati. Dovremmo pertanto aspirare a seguire il loro esempio in modo da poter scoprire la nostra natura di Buddha.

Nel secondo verso sviluppiamo l'aspirazione di ottenere tutte le qualità illuminate del nostro Lama. Ciò include un gruppo di "seguaci" intorno a noi, che possiamo influenzare in una maniera illuminata per raggiungere i nostri obiettivi illuminati. Questo è il risultato dei nostri meriti. "Lunghezza di vita" si riferisce a un'esistenza longeva, così da poter recare beneficio agli esseri senzienti nel miglior modo possibile. "Reputazione" allude al modo in cui ci manifestiamo per il bene altrui, sia che avvenga nella forma di un re Kalki di Shambhala, sia in quella di un semplice monaco o di un eremita errante. Infine, "terra pura" si riferisce alla manifestazione dei meriti accumulati dal Lama lungo il percorso verso la Buddhità. In questo modo il Buddha Amitabha dedicò oceani di meriti affinché gli esseri potessero rinascere nella sua terra pura qualora fossero memori del suo nome nel momento della loro morte.

Attraverso il potere delle mie preghiere rivolte a voi,
ovunque ci troviamo, possano ogni malattia, povertà e conflitto essere pacificati!
Possano il prezioso Dharma e qualsiasi cosa propizia aumentare in tutto l'universo!

Con questo verso dedichiamo la virtù della pratica in modo da pacificare le malattie, la povertà e i conflitti nel mondo e affinché tutto ciò che è virtuoso e propizio, specialmente il prezioso Dharma, si accresca nell'universo, conducendo tutti gli esseri alla felicità assoluta dell'illuminazione.

* * *

I *preliminari unici* (o *non comuni*) descritti nella sezione seguente sono riservati a coloro che hanno assunto gli impegni del Supremo Yoga Tantra. Se non avete ancora ricevuto questa iniziazione dovreste terminare la vostra recitazione qui, alla fine del Guru Yoga. In futuro, quando si presenteranno le condizioni, potrete prendere l'iniziazione e dedicarvi a tutte le pratiche senza restrizioni.

PARTE TERZA

Preliminari unici del Kalachakra e pratica principale

— *Kalachakra yab-yum* —
Divinità di Kalachakra Innato in unione con Vishvamata

CAPITOLO 9

Pratica di Kalachakra Innato

Nella seguente pratica visualizziamo noi stessi nella forma illuminata della divinità di Kalachakra con due braccia, conosciuta come Kalachakra Innato. Questo è il primo dei due preliminari unici dei Sei Vajra Yoga secondo la tradizione Jonang e, nel Supremo Yoga Tantra, viene anche chiamato lo stadio di generazione. Dovremmo intraprendere tale pratica solo se in precedenza abbiamo ricevuto un'iniziazione del Supremo Yoga Tantra e, preferibilmente, un'iniziazione di Kalachakra. Nella tradizione Jonang pratichiamo lo stadio di generazione come un preliminare alle pratiche dello stadio di completamento dei Sei Vajra Yoga, per le quali è essenziale ricevere l'iniziazione di Kalachakra.

Quando "generate voi stessi" nella forma di una divinità illuminata, non state generando una realtà artificiale e immaginaria, bensì, avvalendovi di un mezzo straordinariamente abile, vi avvicinate maggiormente alla realtà non duale dell'illuminazione, la vostra natura più profonda. Attraverso questo metodo imparate a vedere l'universo come puro e tutti gli esseri che lo popolano come esseri illuminati, benché ad una mente ordinaria possano apparire pieni di difetti non ancora superati. Vedere al di là della realtà convenzionale e comprendere la sua natura ultima vi permetterà di sperimentare ciascun livello di realtà con una visione più chiara e compassionevole.

Per il momento siamo intrappolati in ogni sorta di concetti dualistici, distinzioni ed emozioni negative. Meditare su voi stessi nella forma della divinità vi aiuterà a rompere questo bozzolo di illusioni, facendovi entrare in una terra pura di Buddha, libera da tutte le limitazioni dualistiche. Ciò vi permetterà di trasformare ogni esperienza impura in una percezione pura, fino a che vi renderete conto che tutto è sempre stato puro. Benché questa percezione pura non sia ancora la reale esperienza della vacuità, vi ci state avvicinando e, per questo motivo, viene usata come passo intermedio per raggiungere una realtà molto più profonda. Non appena avrete acquisito familiarità con la natura pura della vostra esperienza, sarete pronti a praticare lo stadio di completamento, in cui mediterete direttamente sulla vacuità sublime.

Mentre vi addestrate a visualizzare voi stessi nella forma della divinità illuminata di Kalachakra, state trasformando il vostro mondo nel mandala illuminato di Kalachkra, il quale rappresenta la relazione profonda tra il Kalachakra Esterno dell'universo che contiene gli esseri senzienti, il Kalachakra Interno degli esseri senzienti in esso contenuti e il Kalachakra Alternativo della loro natura illuminata. Acquisendo familiarità con la visualizzazione di seguito esposta e con il mantra, specialmente nel corso di un ritiro intensivo di pratica, svilupperete convinzione di questa realtà illuminata in cui tutte le apparenze diventano le divinità illuminate di Kalachakra, tutti i suoni diventano la parola illuminata di Kalachakra e tutti i pensieri sorgono e si dissolvono nel regno senza inizio della mente illuminata di Kalachakra. Ovunque andiate, l'essenza di Kalachakra pervaderà la vostra esperienza.

UNA BREVE PRATICA DI KALACHAKRA INNATO CON COMMENTO

Analogamente ad ogni altra pratica del Mahayana, dovreste prendere rifugio e coltivare la suprema intenzione della bodhicitta. Successivamente, iniziate la pratica stabilendo la visualizzazione e poi recitate il mantra. Questa pratica di visualizzazione dovrebbe contenere tre aspetti fondamentali: (1) presenza, (2) chiarezza e (3) percezione pura. La *presenza* o orgoglio divino ha a che fare con la forza della sensazione o della connessione emotiva che riuscite a generare nella visualizzazione. La *chiarezza* è la consapevolezza dei dettagli che si imprimono gradualmente nella vostra mente attraverso la pratica. I dettagli della visualizzazione dovrebbero essere vibranti e trasparenti come un arcobaleno, non fermi e rigidi. La *per-*

cezione pura si raggiunge quando realizzate il vero significato dei simboli che visualizzate. Se vi sentite sopraffatti da tutti i dettagli, ricordate che la sensazione di presenza e la convinzione sono gli aspetti più importanti.

Visualizzazione

OM SHUNYATA JÑANA VAJRA SVABHAVA ATMAKO HAM
OM, la mia natura costituente è la coscienza Vajra della vacuità.

Mentre recitate questo mantra, visualizzate rapidamente voi stessi ed i fenomeni dissolversi nello stato naturale al di là dei concetti e rimanete in questo stato per un po' di tempo. Dovreste pensare con assoluta convinzione: "Sono lo stato naturale e primordiale della realtà; al di là di soggetto e oggetto". Cercate di rimanere in questo stato non concettuale al meglio delle vostre capacità.

Dalla sfera della vacuità sorgo istantaneamente ed in modo spontaneo nell'aspetto di Kalachakra Innato. Mi manifesto su uno strato di cuscini formato da dischi di loto, luna, sole, Rahu e Kalagni, adagiato sulla cima del Monte Meru e dell'universo dei quattro elementi. Il mio corpo è di colore blu, con un volto, due braccia e tre occhi. Abbraccio la consorte Vishvamata e tengo un vajra ed una campana all'altezza del mio cuore.

Dallo stato della vacuità al di là dei concetti, venite pervasi dall'intenzione della bodhicitta e vi manifestate istantaneamente nell'aspetto di Kalachakra Innato, conosciuto come "Dukor Langkye" in tibetano. All'interno della mente illuminata di Kalachakra Innato emerge una serie di quattro dischi concentrici che rappresentano l'universo dei quattro elementi: (a partire dal basso) il mandala dell'aria, del fuoco, dell'acqua e della terra. Nel centro del mandala della terra sorge il Monte Meru, sulla cui cima svetta un fiore di loto multicolore con sopra un disco di luna bianco, uno disco di sole rosso, uno disco di Rahu nero e un disco di Kalagni giallo. Il disco di luna rappresenta la bodhicitta, il disco di sole la realizzazione della vacuità, il disco di Rahu la beatitudine immutabile e quello di Kalagni la forma-vuota.

Kalachakra si erge maestoso sulla sommità di questi dischi. È di colore blu scuro per simboleggiare la purezza assoluta del canale centrale e ha un volto per simboleggiare la naturale verità ultima unica di tutti i fenomeni. Le sue due braccia rappresentano il metodo e la saggezza dello stadio primordiale o l'inseparabilità della grande beatitudine immutabile e della forma-vuota. I suoi tre occhi simboleggiano la percezione diretta del passato, del presente e del futuro. Abbraccia la consorte Vishvamata con le mani protese e tiene un vajra nella mano destra e una campana nella mano sinistra per rappresentare l'unità ultima di metodo e saggezza o gli aspetti maschile e femminile dell'illuminazione.

Il collo di Kalachakra ha tre colori – blu scuro nel mezzo, rosso a destra e bianco a sinistra – per simboleggiare l'eliminazione delle tre qualità, conosciute come le *tre guna*: (1) tamas, (2) rajas e (3) sattva. Nel Kalachakra suddette qualità rappresentano i *tre veleni*: (1) ignoranza, (2) attaccamento e (3) avversione. Tali termini saranno familiari a coloro che seguono il sistema indù Samkhya e furono introdotti proprio per condurre i praticanti di questo sistema ad un percorso proficuo.

La mia gamba sinistra bianca è lievemente piegata e schiaccia il cuore del dio bianco della creazione. La mia gamba destra rossa è distesa e schiaccia il cuore del dio rosso del desiderio. Il mio capo è adorno con una crocchia di capelli intrecciati, un gioiello che esaudisce i desideri e una mezzaluna.

Kalachakra ha due gambe e si erge sui due dèi samsarici connessi con la tradizione indù, simboleggiando così la libertà dal samsara e dal nirvana. La gamba sinistra bianca è lievemente piegata e schiaccia il petto del dio Ishvara che viene rappresentato in forma irata, con un volto e tre occhi. È di colore bianco, indossa una pelle di tigre e un ornamento di serpente e giace supino dopo essere svenuto. Ciò simboleggia la trasformazione del canale sinistro, *lalana*, e l'eliminazione delle quattro afflizioni (attaccamento, avversione, ignoranza ed orgoglio). La gamba destra rossa è distesa e schiaccia il petto del dio rosso del desiderio Kamadeva, il quale ha una faccia pacifica, due braccia, indossa ornamenti di gioielli e giace

PRATICA DI KALACHAKRA INNATO

anche lui supino dopo essere svenuto. Ciò simboleggia la trasformazione del canale destro, *rasana*, e l'eliminazione dei quattro mara (gli aggregati, le afflizioni, la morte e gli oggetti piacevoli).

La testa di Kalachakra è ornata da una folta crocchia di capelli intrecciati che scendono sulle sue spalle, sormontata da un prezioso gioiello che esaudisce i desideri drappeggiato in seta. Davanti alla crocchia di capelli c'è un vajra incrociato multicolore che simboleggia i *quattro poteri sublimi di un Buddha*: (1) pacificare, (2) aumentare, (3) controllare e (4) sottomettere. Sulla sommità del doppio vajra c'è una mezzaluna che simboleggia la beatitudine immutabile.

Indosso ornamenti vajra e la parte inferiore del mio corpo è avvolta da una pelle di tigre. Le mie dita sono di cinque colori diversi così come le mie tre falangi. Alla sommità del mio capo è seduto Vajrasattva. Sono in piedi, circondato da un anello di fiamme ardenti di cinque colori diversi. Il mio volto esprime un misto di ira e passione.

Kalachakra indossa molti ornamenti vajra fatti di diamanti indistruttibili come orecchini, collane, bracciali, una cintura, cavigliere e mala. È avvolto da una sciarpa di seta, che rappresenta l'indistruttibile beatitudine immutabile della mente illuminata, e la parte inferiore del suo corpo è coperta da una pelle di tigre, che simboleggia l'eliminazione dell'orgoglio e dell'arroganza.

Le cinque dita di entrambe le mani sono di cinque colori diversi: (1) il pollice è giallo, (2) l'indice bianco, (3) il medio rosso, (4) l'anulare blu scuro e (5) il mignolo verde. Essi simboleggiano la purificazione dei *cinque elementi* del canale sinistro *lalana*, che ha come risultato il conseguimento delle *cinque saggezze*: (1) la saggezza onnipervadente (o saggezza del dharmadhatu), (2) la saggezza simile allo specchio, (3) la saggezza dell'uguaglianza, (4) la saggezza discriminante e (5) la saggezza che tutto realizza. Nella parte interna delle mani le tre falangi di ciascun dito sono di tre colori diversi: (1) la falange più vicina alla punta del dito è bianca, (2) la falange intermedia è rossa e (3) quella più prossima al palmo della mano è blu scuro. Questi colori rappresentano la purificazione del canale destro *rasana* e il raggiungimento dell'indistruttibile (1) corpo, (2) parola e (3) mente Vajra. La sommità del capo è adornata da un Vajrasattva blu che simboleggia l'appartenenza di Kalachakra primariamente alla famiglia di Buddha di Vajrasattva.

Raggi luminosi di cinque colori si irradiano verso l'esterno per una lunghezza pari a quella del corpo di Kalachakra, poi diventano un anello di fiamme intense; i raggi e le fiamme continuano a propagarsi ancora più all'esterno. Il suo volto è una manifestazione di rabbia e potenza, con terrificanti zanne superiori e inferiori; i tre occhi sono sporgenti e lievemente iniettati di sangue. La sua espressione è una combinazione di sfrenata potenza irata e amore passionale o estasi sessuale divina. Ciò rappresenta la compassione indistruttibile e la beatitudine immutabile.

Sono abbracciato a Vishvamata, che ha un corpo di colore giallo, con un volto, due braccia e tre occhi. Tiene un coltello ricurvo nella mano destra e una coppa ricavata da una calotta cranica nella sinistra. Con la sua gamba destra piegata e la sinistra distesa, siamo in unione. Lei è nuda e adorna dei cinque ornamenti di ossa. Metà dei suoi capelli sono raccolti in una crocchia, mentre i restanti sono sciolti.

Kalachakra abbraccia la consorte Vishvamata in unione inseparabile (questa unione è conosciuta come Kalachakra yab-yum). Vishvamata ha un corpo giallo dorato, con un volto, due braccia e tre occhi e, nella mano destra con cui abbraccia Kalachakra, ha un coltello per scuoiare a lama ricurva. Nella mano sinistra regge una coppa ricavata da una calotta cranica con la quale offre nettare divino a Kalachakra. Vishvamata è in unione sessuale divina con Kalachakra, con la sua gamba destra piegata e quella sinistra distesa. È nuda e adorna con una ruota dorata sulla sommità del suo capo e cinque ornamenti di osso: (1) orecchini, (2) bracciali, (3) cavigliere, (4) una cintura e (5) collane. Metà dei suoi capelli è legata in una crocchia sulla sommità del capo e metà le scivola sulle spalle, a rappresentare che tutti i fenomeni hanno la natura della forma-vuota.

Alla fronte di Kalachakra yab-yum appare la sillaba OM (ॐ); alla gola AH (ཨཿ); al cuore HUNG (ཧཱུྃ); all'ombelico HO (ཧོཿ); al luogo segreto SVA (སྭ) e alla sommità del capo HA (ཧ).

PRATICA DI KALACHAKRA INNATO

Alla fronte di Kalachakra yab-yum c'è (1) una OM di colore bianco che rappresenta la natura pura dell'elemento acqua e Amitabha, il corpo Vajra di tutti i Buddha. Alla loro gola c'è (2) una AH rossa che rappresenta la natura pura dell'elemento fuoco e Ratnasambhava, la parola Vajra di tutti i Buddha. Al loro cuore c'è (3) una sillaba HUNG blu scuro che rappresenta la natura pura dell'elemento aria e Amoghasiddhi, la mente Vajra di tutti i Buddha. Al loro ombelico c'è (4) una HO gialla che rappresenta la natura pura dell'elemento terra e Vairochana, l'indistruttibile saggezza Vajra di tutti i Buddha. Al loro posto segreto c'è (5) una sillaba SVA blu che rappresenta la pura natura dell'elemento della saggezza primordiale e Vajrasattva, la purezza ultima della saggezza primordiale dei Buddha. Infine, alla sommità del loro capo c'è (6) una sillaba verde HA che rappresenta la natura pura dell'elemento spazio e Akshobhya, le attività Vajra di tutti i Buddha.

Il proposito di visualizzare le sei sillabe non è soltanto quello di benedire o trasformare questi punti particolari del vostro corpo, ma anche di capire che Kalachakra e Vishvamata sono l'incarnazione pura dei sei regni del samsara e non differiscono dalla vostra stessa natura primordiale.

Raggi di luce si emanano dal mio cuore trasformando l'universo intero in un campo di Buddha e tutti gli esseri nelle innumerevoli divinità del mandala di Kalachakra.

In seguito, raggi di luce di sei colori diversi si irradiano verso l'esterno a partire dal cuore di Kalachakra e dalle sei sillabe illuminando i sei regni del samsara. Il campo di Buddha del mandala di Kalachakra pervade la totalità dei sei regni e la luce trasforma tutti gli esseri nelle innumerevoli divinità del mandala di Kalachakra.

Ricordate a voi stessi, con convinzione, che siete Kalacahkra e Vishvamata in unione e cercate di rendere la vostra visualizzazione chiara, vibrante e trasparente come la luce di un arcobaleno e non statica e solida come un'immagine ordinaria o una statua. Rimanete in questo stato naturale, nella forma di Kalachakra, quanto a lungo volete.

Ripetizione del mantra e dissoluzione

OM HA KSHA MA LA VA RA YANG (SVAHA)
(Recitate il mantra quante volte volete)

Avendo stabilito la visualizzazione di Kalachakra Innato, dovreste poi visualizzare il simbolo del mantra di Kalachakra al vostro cuore e recitare il mantra. La migliore maniera di recitare il mantra è di concentrarsi sui molteplici livelli di significato di ogni sillaba, mantenendo al contempo una chiara visualizzazione nella vostra mente. Potete recitare il mantra a voce alta o in silenzio, anche se, in ambo i casi, le sillabe devono essere ben scandite. Il modo migliore di recitare il mantra è di sussurrarlo, assicurandosi che non sia troppo forte.

Per visualizzare il simbolo del mantra (chiamato alle volte anche i Dieci Potenti), visualizzate al vostro cuore un loto su cui poggiano i dischi di luna, sole, Rahu e Kalagni. Sopra questi dischi appare il simbolo del mantra, costituito da lettere colorate interconnesse, come illustrato nell'immagine della pagina successiva. A seconda della pratica che state facendo potete visualizzare i singoli componenti in colori diversi. Nella tradizione Jonang, per lo stadio di generazione di Kalachakra, visualizziamo il simbolo nel modo seguente (partendo dalla sommità verso il basso): (1) una HA bianca; (2) una KSHA verde; (3) una MA multicolore; (4) una LA gialla; (5) una VA bianca; (6) una RA rossa e (7) una YA nera; (8) in cima c'è una mezzaluna rossa; con (9) una goccia bianca su di essa e (10) un nadu blu scuro (come una piccola fiamma) che emerge dalla goccia.

Le sillabe del mantra hanno diversi livelli di significato e simboleggiano i vari aspetti del Kalachakra Esterno, Interno e Alternativo. Da un punto di vista generale il mantra racchiude tutto il Dharma, includendo i tre veicoli e gli 84.000 insegnamenti del Buddha. Inoltre rappresenta anche i *sei elementi*, che sono i costituenti di ogni fenomeno convenzionale e rappresentano l'oggetto principale di purificazione: (1) aria (YA), (2) fuoco (RA), (3) acqua (VA), (4) terra (LA), (5) coscienza (MA) e (6) spazio (HA). Questi elementi sono associati anche con i sei aspetti del percorso verso l'illuminazione e con le sei famiglie di Buddha, il risultato finale dell'illuminazione. Inoltre, la sillaba verde KSHA rappresenta l'elemento primordiale della mente, la mezzaluna rappresenta le essenze rosse e il canale destro, la goccia rappresenta le essenze bianche e il canale sinistro, mentre il nadu rappresenta il canale centrale.

I Dieci Potenti

Visualizzazioni alternative per la recitazione

Qualora i dettagli menzionati siano troppo difficili, Jetsun Taranatha ci offre l'opzione di visualizzare semplicemente l'intero mantra di colore verde al centro del nostro cuore, poiché il verde rappresenta tutti i colori. In alternativa potete utilizzare una delle seguenti visualizzazioni, scegliendo quella verso cui sentite una maggiore affinità. Mentre recitate il mantra concentratevi sui dettagli della visualizzazione e mantenete la mente nello stato che viene prodotto da tale visualizzazione. Grazie al potere di questa pratica potete iniziare a percepire ogni suono come mantra, ogni immagine come divinità e ogni pensiero come saggezza del dharmakaya.

Consapevolezza del mandala di Kalachakra

Dal mantra di Kalachakra visualizzato al vostro cuore emanate infiniti raggi di luce verso i regni di Buddha del sambhogakaya, invocando tutte le 636 divinità di Kalachakra e qualsiasi altro yidam delle quattro classi del tantra. Kalachakra yab-yum assorbe tutte queste divinità e così diventate l'incarnazione di ciascuna di loro.

Consapevolezza del Guru radice

Visualizzate voi stessi come Kalachakra yab-yum e, dal mantra al vostro cuore, emanate raggi di luce in ogni direzione, invocando il vostro Guru spirituale principale. Ricevete le quattro iniziazioni dal vostro Guru, il quale successivamente si dissolve nel Vajrasattva blu sulla sommità del vostro capo e diventate inseparabili.

Consapevolezza dei maestri di Dharma

Visualizzando voi stessi come Kalachakra in unione con Vishvamata, raggi di luce si emanano in ogni direzione dal mantra al vostro cuore e invocano i maestri di Dharma con cui avete una connessione. Tutti loro si dissolvono nel vostro Guru principale, l'incarnazione di tutti i vostri maestri spirituali, che è inseparabile da Vajrasattva sulla sommità del vostro capo.

Fare offerte agli esseri illuminati

Visualizzate voi stessi come Kalachakra yab-yum e, dal mantra di Kalachakra al vostro cuore, emanate infiniti raggi di luce verso tutti i regni di Buddha. I raggi si trasformano in infinite offerte esterne, interne e segrete appagando e compiacendo le menti pure di tutti i Buddha. Allo stesso tempo abbiate la certezza che tutti gli esseri abbiano così accumulato oceani di meriti. Poi i raggi di luce ritornano indietro, portando le benedizioni del corpo, parola e mente di tutti i Buddha nella forma di immagini, mantra e simboli, ognuno dei quali si dissolve in Kalachakra yab-yum. Ricevete così i poteri del corpo, parola e mente di tutti i Buddha.

Purificazione di tutti i regni impuri

Mentre visualizzate voi stessi come Kalachakra yab-yum, infiniti raggi di luce si irradiano dal mantra al vostro cuore verso tutti gli universi impuri. Quando la luce tocca ciascun universo, esso diventa istantaneamente una terra pura di Buddha ricolma di meravigliosi palazzi e tutti gli esseri si trasformano istantaneamente in divinità di Kalachakra. I raggi di luce ritornano indietro e si dissolvono in Kalachakra yab-yum. Questo metodo viene chiamato la purificazione degli universi impuri ed equivale alla pratica del bodhisattva nota come addestramento della terra pura, mediante la quale tutte le radici della virtù si trasformano in mezzi per instaurare una terra pura di Buddha dove è possibile raggiungere lo stato di illuminazione. Per i praticanti dei sutra Mahayana tale pratica si protrae per molti eoni, mentre un praticante Vajrayana autentico potrebbe portarla a termine in un lasso di tempo molto breve.

Il mantra del marchio a fuoco

In ogni forma di Supremo Yoga Tantra si è soliti praticare le due seguenti visualizzazioni. Nella prima continuate a visualizzare voi stessi come Kalachakra yab-yum, con il simbolo di Kalachakra al vostro cuore, ricordando che la vostra vera realtà naturale è vuota di ogni fenomeno illusorio. Tutti i fenomeni samsarici e illuminati sono una manifestazione di Kalachakra yab-yum. Con grande convinzione, osservate tutte le sillabe del mantra di Kalachakra *OM HAKSHA MALA VARAYA* che scorrono dalla bocca di Kalachakra fino al suo cuore, poi discendono dentro il suo corpo fino al gioiello Vajra segreto e da lì, con un grande suono di beatitudine, fluiscono nel loto segreto di Vishvamata. Il flusso di sillabe poi sale lungo il suo canale centrale, esce dalla sua bocca ed entra in quella di Kalachakra prima di dissolversi nel simbolo al suo cuore. Ogni nuovo mantra che si forma continua a fluire in questo modo.

Il mantra del marchio a fuoco inverso

Anche nella seconda di queste due varianti visualizzate voi stessi come Kalachakra yab-yum, con il mantra di Kalachakra al vostro cuore. Ricordate che la vostra vera realtà naturale è vuota di ogni fenomeno illusorio e che tutti i fenomeni samsarici e illuminati sono una manifestazione di Kalachakra yab-yum. Con grande convinzione, osservate tutte le sillabe del mantra di Kalachakra OM HAKSHA MALA VARAYA che escono dalla bocca di Kalachakra ed entrano in quella di Vishvamata, discendono nel suo canale centrale fino al suo loto segreto e da lì, con un grande suono di beatitudine, fluiscono nel gioiello Vajra segreto di Kalachakra. Il flusso di sillabe poi sale lungo il suo canale centrale e si dissolve nel simbolo di Kalachakra al suo cuore. Ogni nuovo mantra che si forma continua a scorrere secondo lo stesso percorso circolare.

La recitazione analoga al ronzio delle api

Infine, vi sono altre due forme di visualizzazione e recitazione del mantra che venivano praticate da numerosi grandi maestri indiani e tibetani. Sono molto potenti e solo i praticanti del Supremo Yoga Tantra le eseguono. Queste sono anche le pratiche più preziose per prepararsi allo stadio di completamento del Kalachakra e alla recitazione principale del Supremo Yoga Tantra, poiché consentono di ottenere la realizzazione dell'unione inseparabile di grande beatitudine e forma-vuota.

Per la prima di queste due pratiche continuate a visualizzare voi stessi come Kalachakra yab-yum, con il mantra al vostro cuore. Tutti i Buddha e gli esseri senzienti nelle dieci direzioni diventano istantaneamente Kalachakra e recitano il suo mantra *OM HAKSHA MALA VARAYA*. Il suono del mantra è l'unica cosa che riuscite a sentire. Mantenete la mente concentrata su questo stato e recitate il mantra senza alcuna distrazione: *OM HAKSHA MALA VARAYA*. Un maestro indiano affermò: "Le vostre recitazioni del mantra, le pratiche e i meriti vengono moltiplicati da questa visualizzazione e da questa pratica".

Le quattro attività straordinarie

La seconda pratica è nota come le quattro attività straordinarie che i praticanti tantrici svolgono per il bene altrui. Queste attività comprendono: pacificare, aumentare, controllare e sottomettere. Ognuna ha un colore specifico descritto di seguito e possono essere praticate una alla volta oppure tutte assieme.

Iniziate di nuovo visualizzando voi stessi come Kalachakra in unione con Vishvamata e con il simbolo di Kalachakra al vostro cuore. Questa volta una moltitudine di divinità appare tra i raggi di luce che si irradiano fino ai limiti più remoti dello spazio. Questi fasci di luce scaturiscono dalle sillabe seme: (1) luce bianca si manifesta nella forma di divinità bianche per pacificare o dissipare le malattie, le afflizioni e gli ostacoli; (2) luce gialla si manifesta nella forma di divinità gialle per aumentare la longevità, i meriti, la ricchezza e le buone qualità di tutti gli esseri; (3) luce rossa si manifesta nella forma di divinità rosse per conferire l'abilità di controllare e di ottenere potere, gloria, grande energia e influenza sugli altri per il bene di tutti gli esseri e (4) luce blu scuro si manifesta nella forma di divinità blu scuro per distruggere i demoni, i mara e gli ostacoli più ardui che impediscono agli esseri senzienti di raggiungere l'illuminazione.

Le luci e le divinità ritornano indietro e si dissolvono di nuovo in voi, sradicando le vostre afflizioni e gli oscuramenti che ostacolano il raggiungimento dell'illuminazione. Le vostre realizzazioni si rafforzano e voi conseguite l'abilità di controllare i vostri venti interni e i chakra: tutta la vostra ignoranza e le vostre illusioni vengono eliminate.

Queste due visualizzazioni possono essere praticate in sequenza, recitando il mantra dopo ciascuna visualizzazione, oppure si può eseguirle come un'unica pratica, recitando il mantra alla fine.

Dissoluzione

L'intera visualizzazione si dissolve in luce e poi si dissolve in me.

Per concludere una sessione di pratica dissolvete tutte le visualizzazioni che avete creato, includendo l'ambiente circostante e le divinità del mandala completo, in Kalachakra yab-yum; poi Vishvamata si dissolve in Kalachakra e Kalachakra inizia a dissolversi dalla periferia verso il centro, lasciando integro il simbolo interno del mantra al centro del suo petto. Successivamente il simbolo del mantra si dissolve dalla base verso l'alto, fino al nadu. Il nadu alla sommità del simbolo si dissolve gradualmente nella vacuità. Restate in questo stato di coscienza aperto quanto più a lungo potete.

In questo modo la visualizzazione completa si dissolve, fondendosi con il vostro essere, come acqua versata nell'acqua. Durante tutta la pratica dovreste avere una chiara comprensione che voi stessi siete Kalachakra e Vishvamata in unione. Mentre dissolvete la visualizzazione dovreste semplicemente rimanere nella consapevolezza di questa inseparabilità.

Dedica

Mediante il potere di questa virtù possa ottenere rapidamente lo stato di Kalachakra e condurre tutti gli esseri allo stato illuminato di Kalachakra!

Analogamente alle pratiche precedenti, terminate dedicando i meriti per poter raggiungere rapidamente lo stato di Kalachakra attraverso la pratica dei Sei Vajra Yoga. Il vostro obiettivo dovrebbe essere quello di condurre tutti gli esseri allo stato illuminato di Kalachakra, momento in cui il rupakaya, il corpo di forma dell'illuminazione, porterà spontaneamente beneficio a infiniti esseri senzienti.

("La Scala Divina – pratiche preliminari e principali del profondo Vajrayoga di Kalachakra", composta da Drolway Gonpo (Taranatha), descrive la pratica dei grandi maestri del lignaggio tantrico Jonang e dei loro figli spirituali ed include, inoltre, l'essenza di tutte le istruzioni del lignaggio puro)

L'autore di questo testo è Taranatha, il grande maestro Jonang del diciassettesimo secolo che fu un erudito brillante e un praticante altamente realizzato. Il testo integra le istruzioni essenziali che i maestri del lignaggio tantrico tramandarono di generazione in generazione ai loro discepoli del cuore. I grandi praticanti del passato hanno seguito queste istruzioni essenziali e l'opportunità di ricalcare le loro orme dovrebbe essere considerata una benedizione straordinaria. A questo punto siamo giunti alla conclusione del testo principale.

CAPITOLO 10
Aspirazione a realizzare i Sei Vajra Yoga

Mediante la pratica dello stadio di generazione del Kalachakra Innato rafforziamo la nostra percezione pura, il che ci permette di utilizzare una parte più ampia della nostra esperienza come base per realizzare la natura ultima della realtà. A partire da questa base, siamo pronti per iniziare la pratica principale dello stadio di completamento del Kalachakra – i Sei Vajra Yoga.

Per poter praticare questi metodi profondi è necessario ricevere preliminarmente le *quattro Iniziazioni Superiori* da un maestro Vajra di Kalachakra qualificato. Avrete anche bisogno di ricevere le istruzioni essenziali uniche, in modo da poter praticare correttamente tali tecniche. Pertanto è essenziale coltivare una relazione spirituale con un maestro autentico che detenga il lignaggio di suddette istruzioni. Senza tutto ciò non è possibile progredire lungo questo percorso.

ཨོཾ་ཨཿ ཧཱུྃ་ཧོཿ ཧཾ་ཀྵཿ

Secondo la tradizione Jonang-Shambhala le pratiche dello stadio di completamento si impartiscono, idealmente, in modo empirico. Lo studente riceve le istruzioni e poi continua la pratica fino a che non avrà padroneggiato la tecnica. Quando avrà conseguito il livello necessario di realizzazione, il maestro Vajra gli insegnerà la serie di istruzioni successive. In questa maniera il progresso dello studente sarà graduale e assicurerà il raggiungimento dei risultati ambiti.

Benché questo sia il metodo di pratica più tradizionale, è diventata anche consuetudine praticare tutti i sei yoga in maniera intensiva nel corso di un ritiro di tre anni. Molti praticanti Jonang intraprendono questo ritiro in tenera età, in modo da poter stabilire la necessaria connessione con il percorso del Vajra Yoga. Dopo aver sviluppato familiarità con le pratiche, entreranno immediatamente in un ritiro a lungo termine, oppure continueranno ad espandere la loro comprensione attraverso lo studio prima di intraprendere un simile ritiro in futuro.

Fin quando non saremo in grado di partecipare ad un ritiro di questo tipo dovremmo concentrarci a sviluppare l'aspirazione a praticare i Sei Vajra Yoga. La seguente preghiera si propone di rafforzare la nostra connessione con questo percorso e di aiutarci ad acquisire familiarità con la struttura generale delle pratiche.

Il preliminare non comune dei Tre Isolamenti

Dopo aver ricevuto le iniziazioni dello stadio di completamento la prima pratica che viene insegnata è, in realtà, l'ultimo dei due preliminari non comuni che è conosciuto come i *tre isolamenti* (*Wen Sum* in tibetano). Questa pratica unica, effettuata in una stanza oscura, ha come scopo specifico quello di stabilire una concentrazione non concettuale esclusiva, che è necessaria per praticare in modo autentico i Vajra Yoga. Tale pratica avanzata non è contenuta nel testo radice poiché, secondo la tradizione, viene trasmessa direttamente dal maestro Vajra al discepolo. Ora descriverò brevemente gli elementi principali della pratica così da fornire un'indicazione della sua struttura e del suo scopo.

I tre isolamenti sono essenzialmente un metodo molto efficace per sviluppare lo stato mentale di concentrazione esclusiva conosciuto come *shamatha*. Ciò che rende unica tale pratica è la combinazione di una meditazione profonda analoga alle tradizioni del *Mahamudra* e dello *Dzogchen* con una postura del corpo molto potente che lavora direttamente con il corpo energetico sottile del praticante. Questi due aspetti uniti assieme isolano rapidamente il corpo, la parola e la mente del meditatore rendendoli malleabili e adatti alle pratiche yogiche avanzate. I risultati di tale pratica possono essere così spiegati:

1. **Isolamento del Corpo:** avvalendosi della postura fisica non comune in sette punti, le energie sottili distribuite in tutto il corpo si riuniscono gradualmente e iniziano a fluire nel canale centrale. In questo modo il corpo diventa flessibile ed è in grado di meditare per lunghi

periodi di tempo senza fatica. Dal momento che il corpo fisico non è più causa di disagio per il meditatore, sarà possibile ritirare del tutto la mente nella consapevolezza non concettuale.

2. **Isolamento della Parola:** se ci lasciamo trasportare dalla parola ordinaria o sviluppiamo attaccamento ad essa, i nostri venti interni circoleranno nel canale sinistro e in quello destro. Tale movimento di energia favorisce la proliferazione di pensieri concettuali che oscurano la nostra natura primordiale. Quando restiamo in silenzio la circolazione dell'energia rallenta facendo sì che la mente concettuale diventi inattiva e consentendo alla mente non concettuale di manifestarsi. Nel momento in cui acquisiremo maggiore dimestichezza con questa pratica il respiro diventerà molto sottile e riusciremo a restare in silenzio per quanto tempo vorremo senza annoiarci o sentirci a disagio.

3. **Isolamento della Mente:** finché ci lasceremo trasportare dai pensieri dualistici ordinari o svilupperemo attaccamento ad essi, risulterà impossibile manipolare in modo efficace i venti sottili. Rimanendo in uno stato mentale libero da ogni forma di attaccamento smetteremo di alimentare la proliferazione indesiderata dei pensieri. Ciò a sua volta consentirà ai nostri venti di stabilizzarsi ulteriormente e ci permetterà di conseguire una mente pura, beata, non concettuale e incredibilmente lucida.

Siccome questi tre componenti sono strettamente interconnessi, lavorando simultaneamente con tutti loro sarà possibile raggiungere livelli straordinari di concentrazione in un periodo di tempo relativamente breve. Se ciò viene fatto correttamente, ci vorranno normalmente due mesi di pratica intensa per raggiungere le realizzazioni desiderate. Tuttavia questo periodo di tempo dipende completamente dalla preparazione della mente del praticante mediante le pratiche preliminari di cui si è trattato precedentemente. Se si coltivano le qualità della pazienza e della determinazione, con il trascorrere del tempo la mente si svilupperà attraverso le seguenti quattro fasi:

1. **Percezione:** in questa fase la mente ha maggiore consapevolezza ma non riesce a restare concentrata su un unico oggetto per molto tempo.

2. **Familiarizzazione:** non appena sorge un pensiero, questo svanisce spontaneamente, consentendo alla mente di restare concentrata su un unico oggetto senza sforzo.
3. **Stabilizzazione:** proseguendo nella pratica i pensieri quasi cessano, la mente resta imperturbata e non perde la concentrazione. Occasionalmente i pensieri sorgeranno e poi si dissolveranno gentilmente.
4. **Stabilizzazione perfetta:** la mente diventa così abile da poter scegliere se restare immobile e spontaneamente concentrata o se focalizzarsi, senza distrazione, su un argomento da analizzare.

LA PRATICA PRINCIPALE DEI SEI VAJRA YOGA

La pratica dei Sei Vajra Yoga sviluppa la capacità di vedere voi stessi e il vostro ambiente come una forma-vuota non duale. Le pratiche iniziali della stanza oscura servono a sviluppare familiarità con queste forme-vuote e poi, mediante tecniche yogiche speciali, combinerete le percezioni della forma-vuota con la coscienza e i venti interni. Quando questi tre aspetti saranno completamente integrati, essi forniranno la base affinché i venti entrino nel canale centrale, dissolvendo così le essenze sottili ubicate in differenti punti chiave del corpo sottile. In seguito a ciò, queste essenze sottili produrranno stati mentali sempre più concentrati. Il risultato di tale pratica consiste nell'abilità di arrestare completamente il flusso di tutti i venti interni, dissolvendo così l'esperienza di un corpo materiale, fino a quando, al momento dell'illuminazione, non rimarrà altro che il corpo arcobaleno illusorio.

Non esiste un testo radice specifico per la pratica dei Sei Vajra Yoga poiché tradizionalmente venivano tramandati oralmente da maestro a discepolo. A causa della natura estremamente avanzata di questa pratica, è necessario che rafforziate la vostra aspirazione finché non sarete in grado di controllare il vostro sistema energetico sottile oppure fino a quando il vostro maestro Vajra non vi riterrà qualificati per iniziare.

OM AH HUM HO HANG KYA

Per il potere della natura di Buddha possa io recidere le attività della mente concettuale.

ASPIRAZIONE A REALIZZARE I SEI VAJRA YOGA

Possa sperimentare i dieci segni e la mente di chiara luce e realizzare il sentiero dello Yoga del Ritiro. Prego i miei salvatori, il mio Lama gentile e gli eredi del santo lignaggio. Beneditemi affinché possa realizzare tutto ciò!

Le sei sillabe del mantra all'inizio di questo verso simboleggiano i sei chakra e le sei pratiche yogiche. Il potere della natura di Buddha si riferisce al "Tatagatagarbha", il terreno primordiale o il Buddha naturale presente nel continuum mentale di ogni essere, mediante il quale tutte le qualità illuminate vengono conseguite.

Le tre righe seguenti descrivono il primo dei Sei Vajra Yoga, chiamato *Yoga del Ritiro*, che include una pratica notturna, eseguita in una stanza oscura con gli occhi aperti, e una pratica diurna che consiste nel concentrare la propria visione sul cielo limpido. Queste pratiche interrompono il movimento concettuale della vostra mente nel momento in cui i dieci venti interni che circolano nel corpo sottile vengono assorbiti nel canale centrale. Sperimenterete i dieci segni e la mente di chiara luce e, con il tempo, la loro percezione diventerà sempre più intensa, chiara e stabile. Quattro di questi segni sono connessi con la pratica notturna mentre i sei restanti sono connessi con la pratica diurna. Sulla base di questi dieci segni si sviluppa un "mondo interno" del tutto indipendente da quello esterno. Tuttavia, a questo livello, tali segni vengono ancora percepiti come separati dalla coscienza soggettiva della mente.

In conclusione, essendo questa una preghiera di aspirazione, supplicate il Lama gentile e tutti gli eredi del santo lignaggio affinché vi concedano le loro benedizioni poiché è possibile conseguire le realizzazioni della pratica solo avendo una connessione con il lignaggio di trasmissione e avendo devozione nei confronti del Lama.

Per il potere della natura di Buddha possano la mia parola, i venti interni e la coscienza diventare stabili. Possa la mia saggezza incrementarsi insieme alla gioia e alla beatitudine indotta dall'analisi e possa io realizzare il sentiero dello Yoga della Stabilizzazione. Prego i miei salvatori, il mio Lama gentile e gli eredi del santo lignaggio. Beneditemi affinché possa realizzare tutto ciò!

Il verso in questione si riferisce al secondo dei Sei Vajra Yoga, chiamato *Yoga della Stabilizzazione meditativa*. Per mezzo di questo yoga la percezione delle forme-vuote, conseguita nella pratica precedente, si unisce indissolubilmente con la coscienza dell'osservatore interno cosicché la propria parola, i venti interni e la coscienza diventano stabili. Mentre il primo yoga consente di percepire la forma-vuota dei dieci segni come oggetti mentali, il secondo yoga permette al praticante di "combinare" questi segni con la mente e di sperimentare così la gioia e la beatitudine dell'analisi (visione profonda speciale). Prima di questa fase la pratica si eseguiva con la coscienza sensoriale visiva e le forme visive. Adesso praticate con ciascuna delle coscienze sensoriali e con i loro oggetti singolarmente, includendo udito, olfatto, gusto e tatto. In questa fase non sono più necessarie condizioni speciali quali una stanza oscura.

> *Per il potere della natura di Buddha possano i dieci venti di lalana e rasana entrare in avadhuti. Possa io sperimentare il fuoco ardente del tummo, che scioglie e fa discendere l'essenza HANG (ḫ) dalla sommità del capo. Possa io così realizzare il sentiero dello Yoga della Forza Vitale. Prego i miei salvatori, il mio Lama gentile e gli eredi del santo lignaggio. Beneditemi affinché possa realizzare tutto ciò!*

Il terzo dei Sei Vajra Yoga è chiamato lo Yoga del controllo della *Forza Vitale*. Nello yoga precedente le forme-vuote sono combinate con la stessa coscienza che le percepisce. Ora questi due elementi si fondono con i venti interni e diventano inseparabili. I dieci venti del canale sinistro e di quello destro (lalana e rasana) si unificano mentre vengono diretti nel canale centrale (avadhuti), facendo cessare così la circolazione dei venti interni nel canale sinistro e destro. Ciò viene realizzato concentrandosi sul chakra dell'ombelico, dove si sperimenta il fuoco ardente del tummo ("calore interno"). Con l'intensificarsi dell'energia nel canale centrale il calore sale verso l'alto e fonde la sillaba HANG (ḫ) visualizzata sulla sommità del capo. Non appena l'energia inizia a colare verso il basso si genera una crescente esperienza di beatitudine.

> *Per il potere della natura di Buddha possa l'essenza bianca essere ritenuta e stabilizzata alla mia fronte. Possa io sperimentare la beatitudine*

ASPIRAZIONE A REALIZZARE I SEI VAJRA YOGA

immutabile indotta dallo scioglimento delle essenze e realizzare il sentiero dello Yoga della Ritenzione. Prego i miei salvatori, il mio Lama gentile e gli eredi del santo lignaggio. Beneditemi affinché possa realizzare tutto ciò!

Questo verso si riferisce al quarto yoga, chiamato *Yoga della Ritenzione*. Durante la fase precedente il praticante è in grado di ritenere i fluidi corporei essenziali e pertanto riesce a unificare le forme-vuote, la coscienza e i venti sottili. Per mezzo di questo yoga i suddetti tre elementi vengono integrati con le essenze sottili indistruttibili che si trovano nei sei centri dei chakra sottili. Iniziando con le essenze bianche, conservate e stabilizzate nel chakra della fronte, il praticante impara a dirigere le essenze verso il basso lungo il canale centrale, passando da un chakra all'altro. Così facendo si sperimentano aspetti diversi della grande beatitudine. Con la progressiva fusione delle essenze sottili la beatitudine aumenta, dando luogo a quelli che vengono chiamati i sedici aspetti della gioia.

Per il potere della natura di Buddha possano tutti i miei chakra e canali riempirsi dell'essenza pura di grande beatitudine. Possa io conseguire la maestria delle tre gloriose consorti e realizzare il sentiero dello Yoga del Ricordo. Prego i miei salvatori, il mio Lama gentile e gli eredi del santo lignaggio. Beneditemi affinché possa realizzare tutto ciò!

Il quinto dei Sei Vajra Yoga è chiamato *Yoga del Ricordo*. In questa fase il praticante ha ottenuto il pieno controllo del movimento delle essenze sottili e riesce pertanto a riempire i sei chakra con l'essenza pura di grande beatitudine. Per poter raggiungere la forma di concentrazione più potente, tutte le essenze dense e sottili devono essere riunite nell'apertura inferiore del canale centrale. Ciò viene realizzato lavorando con tre tipi di consorte: la consorte fisica, la consorte visualizzata e la grande consorte di forma-vuota. Mediante le prime due sarà possibile manifestare la terza, l'unica in grado di sostenere la beatitudine immutabile che risiede senza movimento nel significato definitivo.

Per il potere della natura di Buddha possano i sei chakra del corpo sottile riempirsi dell'essenza bianca di grande beatitudine immutabile. Possa io sperimentare l'inamovibile mente non duale e realizzare il sentiero dello Yoga dell'Assorbimento. Prego i miei salvatori, il mio Lama gentile e gli eredi del santo lignaggio. Beneditemi affinché possa realizzare tutto ciò!

La fase finale dei Sei Vajra Yoga è l'*Assorbimento meditativo*. Avendo sviluppato un assorbimento stabile nello stato di suprema beatitudine immutabile, ora si progredisce lungo i dodici stadi di assorbimento del bodhisattva. All'inizio di tale processo si raggiunge il sentiero della visione profonda, durante il quale si sperimenta per la prima volta in modo diretto, con una concentrazione esclusiva perfetta, la mente imperturbabile non duale della vacuità sublime. In questa fase si realizza una forma di Kalachakra approssimativa, simile alla vera forma della divinità illuminata. Restando in questo stato di assorbimento ognuno dei sei chakra si riempie, dal basso verso l'alto, dell'essenza bianca di grande beatitudine immutabile. Mentre il processo si sviluppa il praticante avanza lungo il percorso della familiarizzazione. In totale si sperimentano 21.600 momenti di grande beatitudine immutabile che purificano le 21.600 contaminazioni, dissolvendo gradualmente i venti interni ed esaurendo gli elementi del corpo materiale. Quando verranno così eliminati tutti gli oscuramenti afflittivi e cognitivi si realizzerà la Buddhità nella forma della divinità di Kalachakra coemergente e pienamente manifesta.

Per il potere della natura di Buddha possa il corpo non essere mai separato dalle posture yogiche. Possa la mia mente non essere mai separata dalle profonde istruzioni essenziali del Dharma senza errore e possa io realizzare il sentiero dei Sei Vajra Yoga. Prego i miei salvatori, il mio Lama gentile e gli eredi del santo lignaggio. Beneditemi affinché possa realizzare tutto ciò!

Questo verso è una preghiera di aspirazione finale per portare a termine il percorso dei Sei Vajra Yoga. Pregate affinché il vostro corpo non sia mai separato dalle posture yogiche speciali e la vostra mente non si allontani mai dalle profonde istruzioni essenziali ricevute dal vostro Lama. In questo contesto le istruzioni essenziali sono le direttive riguardanti le posture e le profonde tecniche yogiche di meditazione che vengono trasmesse oralmente dal Lama invece di essere trascritte.

Dedica

Attraverso questa virtù possano tutti gli esseri abbandonare le insignificanti preoccupazioni del samsara, possano meditare sul sentiero straordinariamente profondo del Vajrayoga e svelare rapidamente lo stato illuminato di Kalachakra!

Concludiamo la nostra pratica di Kalachakra con una preghiera di dedica, augurandoci che tutti gli esseri abbandonino le preoccupazioni insignificanti del samsara e ricavino il più possibile dalla preziosa opportunità che hanno di raggiungere l'illuminazione. Nello specifico vi augurate che possano stabilire una connessione con il sentiero straordinariamente profondo del Vajrayoga così come viene presentato in questo testo e che abbiano la capacità di meditare sui Sei Vajra Yoga, svelando così rapidamente lo stato illuminato di Kalachakra.

Attraverso questa virtù possa io realizzare velocemente i Sei Vajra Yoga e condurre tutti gli esseri, senza eccezione, allo stato illuminato di Kalachakra!

Questa seconda parte della dedica enfatizza il vostro desiderio personale di realizzare i Sei Vajra Yoga non solo per il proprio bene ma per condurre tutti gli esseri, senza eccezione, allo stato illuminato di Kalachakra. Ciò serve anche a ricordarvi che i Sei Vajra Yoga sono una pratica del Mahayana mediante la quale vi assumete la responsabilità personale di condurre tutti gli esseri all'illuminazione. Tale intenzione è ciò che determina il risultato della vostra pratica.

Attraverso questa virtù possano tutti gli esseri completare l'accumulazione di meriti e di saggezza primordiale e conseguire così i due kaya del Buddha!

Infine dedicate la virtù affinché tutti gli esseri possano completare l'accumulazione di meriti e di saggezza primordiale, la causa che consente di ottenere il corpo dharmakaya della realtà dell'illuminazione e i corpi di forma rupakaya dell'illuminazione. I corpi di forma sono ciò che si manifesta spontaneamente per realizzare il beneficio altrui e, in questo caso, emergono nell'aspetto della divinità di Kalachakra.

PARTE QUARTA

Due Guru Yoga aggiuntivi

— *Kunkyen Dolpopa Sherab Gyaltsen* —
Il re del Dharma della gloriosa tradizione Jonang

CAPITOLO 11

Guru Yoga di Dolpopa

Pioggia di benedizioni per i Sei Yoga del lignaggio Vajra

Nella tradizione Jonang esistono tre pratiche diverse di Guru Yoga che vengono impiegate di solito nel contesto di un ritiro tradizionale di tre anni: il Guru Yoga fondamentale (descritto precedentemente in questo testo), il Guru Yoga di Dolpopa e il Guru Yoga di Taranatha. Queste tre pratiche offrono un potente metodo per stabilire una connessione con il santo lignaggio poiché Dolpopa e Taranatha sono considerati le due figure più influenti e straordinarie della tradizione Jonang-Shambhala del Kalachakra.

Durante un ritiro di questo tipo la pratica del Guru Yoga viene svolta al massimo per tre settimane. Durante la prima settimana si recita il Guru Yoga di Dolpopa, nella seconda il Guru Yoga di Taranatha e nella terza il Guru Yoga fondamentale. Tali pratiche profonde non sono semplici preliminari e svolgono un ruolo importante nella pratica dei Sei Vajra Yoga. Terminata la pratica del Guru Yoga come preliminare si è soliti recitare un Guru Yoga per ognuna delle quattro sessioni giornaliere. Si comincia recitando il Guru Yoga di Dolpopa, seguito da quello di Taranatha e si termina con il Guru Yoga fondamentale. Una volta completato questo ciclo di tre, si riprende dall'inizio.

La pratica del Guru Yoga di Dolpopa
con commento

Il titolo del Guru Yoga di Dolpopa è "Guru Yoga – Pioggia di benedizioni per i Sei Yoga del lignaggio Vajra". Tale pratica può essere considerata una pioggia di benedizioni in quanto le recitazioni e le preghiere sono concepite per condurci al di là della mente ordinaria attraverso l'invocazione delle benedizioni di Dolpopa e degli altri maestri del lignaggio. Queste benedizioni ci aprono la porta delle realizzazioni tantriche, conferendoci l'abilità di praticare autenticamente i Sei Vajra Yoga tramandati da questo lignaggio. I principi fondamentali e la struttura di questa pratica sono uguali a quelli del Guru Yoga fondamentale descritto precedentemente in questo libro.

Visualizzazione

> *Kunkyen Dolpopa appare davanti a voi nell'aspetto di Vajradhara blu, circondato dall'intero campo dei meriti. Volge il suo sguardo colmo di grande amore verso di voi.*

In questa pratica visualizziamo il campo dei meriti per due volte. Prima lo utilizziamo come base per prendere rifugio e generare bodhicitta e poi lo utilizziamo come base per la pratica del Guru Yoga. Immaginate che tutto il campo dei meriti si manifesti istantaneamente nello spazio di fronte a voi. Kunkhyen Dolpopa è seduto su un trono di leone al centro del campo dei meriti ed è indivisibile da Vajradhara. Una volta stabilita la visualizzazione, continuate con la presa di rifugio.

> **NAMA SHRI KALACHAKRAYA**
> *Prendo rifugio con vivida fede nel Lama, nell'yidam e nei Tre Gioielli*
> *(Ripetete la frase per tre volte)*

"*Nama*" è un'espressione di omaggio e "*shri*" significa glorioso. "*Prendere rifugio con vivida fede*" significa che la nostra mente è chiara e colma di gioia, gratitudine e ispirazione. Questa fede dovrebbe anche essere appassionata e sicura, sorretta da una completa fiducia nel Lama, nell'yidam e nei Tre Gioielli.

> *Possa io generare incommensurabile amore, compassione, gioia ed equanimità nei confronti di tutti gli esseri!*
> *Possa io praticare diligentemente il profondo sentiero del Guru Yoga per il bene di tutti gli esseri!*

GURU YOGA DI DOLPOPA

Poi fate sorgere l'aspirazione altruista della bodhicitta coltivando i quattro incommensurabili – amore, compassione, gioia ed equanimità – e sviluppando il desiderio di raggiungere la completa illuminazione per il loro bene. Successivamente rinforzate la vostra determinazione generando la Bodhicitta dell'impegno, pregando di poter praticare il percorso profondo del Guru Yoga per il bene di tutti gli esseri.

Possano tutte le apparenze impure avventizie dissolversi nella vacuità.

Dissolvete tutto il campo dei meriti nella vacuità per ricordarvi la sua vera natura. Lasciate che tutte le apparenze temporanee impure si fondano nuovamente nello stato non duale diventando come il riflesso della luna sulla superficie di un lago.

Seduto su un trono alla sommità del mio capo, su un seggio di cinque strati composto da un loto, un disco di luna e così via, il mio Lama radice appare come il grande Vajradhara. Il suo corpo è di colore blu, ha un volto e due braccia.

Ora ricostruite il campo dei meriti visualizzando il vostro Lama radice nella forma di Vajradhara, con un corpo blu, un volto e due braccia. È seduto sopra la sommità della vostra testa su un trono con un seggio a cinque strati composto da un loto verde, un disco bianco di luna, un disco rosso di sole, un disco nero di Rahu e un disco giallo di Kalagni. Ognuno di questi strati ha un significato spirituale: il loto simboleggia la purezza, il disco di luna simboleggia lo stato di veglia, il disco di sole simboleggia lo stato di sogno, il disco di Rahu simboleggia lo stato di sonno profondo e il disco di Kalagni simboleggia lo stato di saggezza primordiale. Insieme racchiudono la totalità della nostra esperienza e costituiscono la base sulla quale realizziamo la natura ultima della realtà.

Benché le istruzioni del testo specifichino di visualizzare Vajradhara, in questa pratica è più comune visualizzare il vostro Lama radice nella forma di Dolpopa. Ma potreste anche scegliere di visualizzare la forma di Vajradhara mentre ricordate le qualità dell'onnisciente Dolpopa che, essendo l'autore di tale pratica, non menziona di usare la sua forma per la visualizzazione – questa istruzione essenziale è stata aggiunta posteriormente per onorare il contributo di Dolpopa al lignaggio e per stabilire una connessione con la sua presenza spirituale.

> *È seduto nella postura del loto completo. Indossa eleganti abiti di seta ed il suo corpo è adorno di preziosi gioielli e ornamenti di ossa. Tiene un vajra ed una campana incrociati all'altezza del cuore.*

Qui vengono offerti più dettagli sulla forma visualizzata di Vajradhara, la cui natura è inseparabile dal vostro Lama radice e da Dolpopa. È seduto sul trono nella postura del loto completo, indossa abiti di seta, gioielli e ornamenti di ossa che simboleggiano specifici aspetti della realtà illuminata. Il vajra e la campana incrociati all'altezza del cuore rappresentano l'unione di compassione e saggezza indistruttibili.

> *I quattro centri del suo corpo sono marcati dalle quattro sillabe; raggi di luce si emanano dalla sillaba HUNG al suo cuore invocando il Lama radice e tutti i Lama del lignaggio insieme all'intero campo di Rifugio.*

> *DZA (ཛཿ) HUNG (ཧཱུྃ) VAM (ཝྃ) HO (ཧོཿ)*
> *Diventano inseparabili da loro.*

Alla fronte di Dolpopa appare una sillaba OM (ༀ), alla gola una sillaba AH (ཨཿ), al cuore una sillaba HUNG (ཧཱུྃ) e all'ombelico una sillaba HO (ཧོཿ). Dalla HUNG al cuore raggi di luce si emanano in ogni direzione. Quando pronunciate la sillaba DZA questa luce viene potenziata dal Lama radice e da tutti i Lama del lignaggio. Quando pronunciate la sillaba HUNG la luce si concentra sulla sommità del capo di Vajradhara. Quando pronunciate la sillaba VAM la luce si dissolve in Vajradhara e con la sillaba HO Vajradara diventa inseparabile dalla loro presenza illuminata. Non dimenticate che Vajradhara, Dolpopa e tutti i Lama del lignaggio, incluso il vostro preziosissimo Lama radice, hanno una natura inseparabile.

Supplicare il Lama

Prezioso Lama, porgo omaggio al tuo corpo, parola e mente. Il tuo corpo è adorno con gli immutabili e perfetti segni maggiori e minori. La tua parola ininterrotta di Brahma pervade le dieci direzioni. Tu dimori nella mente senza errore del grande sigillo.

Con questo verso cominciate le preghiere di supplica al Lama elogiando le meravigliose qualità del suo corpo, parola e mente. I marchi e i segni immutabili del suo corpo si riferiscono ai 32 marchi maggiori e agli 80 segni minori di un Buddha, mentre la parola ininterrotta di Brahma si riferisce al linguaggio piacevole, bello e melodioso degli dèi del regno sottile della forma. La mente senza errore del grande sigillo fa riferimento alla qualità immutabile della mente illuminata, simile al sigillo di un re, che è inalterabile. Il grande sigillo allude anche al Mahamudra ultimo, la realizzazione diretta del significato definitivo.

Mi prostro a te che sei l'incarnazione dei trentasei Tathagata, che si manifestano quando i trentasei aggregati sono perfettamente purificati attraverso i Sei Vajra Yoga come il ritiro e così via.

Questo verso è l'inizio della pratica di un'offerta in sette rami in cui ci prostriamo o rendiamo omaggio al Lama quale incarnazione dei trentasei Tathagata. Nel tantra di Kalachakra vi sono sei famiglie di Buddha, ognuna delle quali rappresenta uno dei *sei aggregati*: (1) l'aggregato della forma è Vairochana, (2) l'aggregato della percezione è Amitabha, (3) l'aggregato della sensazione è Ratnasambhava, (4) l'aggregato dei fattori di composizione è Amoghasiddhi, (5) l'aggregato della coscienza è Akshobhya e (6) l'aggregato della saggezza primordiale è Vajrasattva.

I sei bodhisattva rappresentano i *sei poteri sensoriali*: (1) la facoltà sensoriale dell'orecchio è Vajrapani, (2) la facoltà sensoriale del naso è Khagarba, (3) la facoltà sensoriale dell'occhio è Kshitigarba, (4) la facoltà sensoriale della lingua è Lokeshvara, (5) la facoltà sensoriale del corpo è Sarvanivarana e (6) la facoltà sensoriale della mente è Samantabhadra. Quando questi bodhisattva vengono combinati con i Buddha abbiamo un totale di trentasei combinazioni. Per esempio, nel caso di Akshobhya abbiamo Vajrapani-Akshobhya, Khagarba-Akshobhya, Kshitigarba-Akshobhya, Lokeshvara-Akshobhya, Sarvanivarana-Akshobhya, Samantabhadra-Akshobhya. Questi sei rappresentano la perfetta purificazione dell'aggregato della coscienza attraverso le sei facoltà sensoriali in accordo con i metodi di meditazione che si trovano nei Sei Vajra Yoga. Le altre cinque famiglie di Buddha dovrebbero essere comprese nello stesso modo.

Offro, con gioia e intenzione pura, un inimmaginabile oceano di offerte di Samantabhadra, incluse tutte le virtù di corpo, parola e mente accumulate nei tre tempi!

Questo verso corrisponde alla seconda parte dell'offerta in sette rami, in cui generate una quantità infinita di oggetti visualizzati che offrite al Lama e ai Tre Gioielli con l'intenzione pura di voler liberare tutti gli esseri. Le offerte non includono solamente oggetti fisici ma anche le virtù di corpo, parola e mente accumulate nel passato, nel presente e nel futuro.

Samantabhadra si riferisce al Buddha primordiale che risiede nella vastità illimitata del dharmakaya e le "offerte di Samantabhadra" sono un modo di descrivere la natura sconfinata e pervasiva delle vostre offerte. Nella tradizione di Kalachakra vengono visualizzate dodici dakini delle offerte. Dal cuore di ogni dea emergono altre dodici dee delle offerte che continuano a moltiplicarsi in questo stesso modo: ogni dea ne emana altre, fino a raggiungere un numero infinito.

Confesso apertamente tutte le mie negatività accumulate attraverso corpo, parola e mente e prego affinché vengano purificate.
Gioisco di tutte le virtù!
Ti chiedo dal profondo del mio cuore di girare incessantemente la ruota del Dharma!
Ti supplico di rimanere per sempre nel samsara per il bene di tutti gli esseri!

Continuate l'offerta in sette rami confessando tutte le negatività accumulate mediante azioni negative di corpo, parola e mente e pregate affinché vengano purificate, avendo la risoluta determinazione di non ripeterle nel futuro. Poi moltiplicate i vostri meriti gioendo delle vostre virtù e di quelle di tutti gli esseri senzienti. Benché la compassione del Lama sia infinita, ci impartirà i suoi insegnamenti solo se gli chiediamo sinceramente di girare la ruota del Dharma. Anche se in realtà il Lama trascende la vita e la morte, lo imploriamo che rimanga per sempre nel samsara, senza entrare nel parinirvana, per il bene di tutti gli esseri.

> *Prego il mio glorioso Lama. La tua natura è inseparabile dai quattro corpi del Buddha. Sei il Signore di tutti i detentori del Vajra, avendo completato le tre accumulazioni e realizzato i dodici sentieri. Ti prego, benedicimi!*

Essendo il Lama l'incarnazione di tutti i Buddha la sua natura è inseparabile dai *quattro kaya del Buddha*: (1) svabhavikakaya, il corpo naturale, (2) dharmakaya, il corpo di saggezza-verità, (3) sambhogakaya, il corpo di godimento e (4) nirmanakaya, il corpo di emanazione. Inoltre, essendo l'incarnazione di tutti i maestri che trasmettono i profondi insegnamenti tantrici, il Lama è il Signore di tutti i detentori del Vajra. Le *tre accumulazioni* si riferiscono a (1) generosità, (2) grande concentrazione e (3) saggezza, mentre i dodici sentieri fanno riferimento alle specifiche fasi di realizzazione lungo il percorso del Kalachakra che corrispondono all'esaurimento dei componenti materiali del corpo e delle loro energie nei sei chakra.

> *Prego il mio glorioso Lama. Tu hai realizzato completamente le cinque saggezze e hai completamente trasformato gli otto oggetti della coscienza dualistica dimorando per un solo istante nella saggezza primordiale non duale. Ti prego, benedicimi!*

Le cinque saggezze di un Buddha si svelano quando i *cinque aggregati* sono stati purificati. Esse comprendono: (1) la saggezza onnipervadente (o saggezza del Dharmadhatu), (2) la saggezza simile allo specchio, (3) la saggezza dell'uguaglianza, (4) la saggezza discriminante e (5) la saggezza che tutto realizza. Gli otto oggetti della coscienza dualistica sono gli oggetti delle otto coscienze: (1) colori e forme, (2) suoni, (3) odori, (4) sapori, (5) sensazioni tattili, (6) fenomeni mentali, (7) concetti illusori e (8) il substrato (alaya). Dopo essere stati purificati, gli otto oggetti della coscienza dualistica vengono sperimentati come gli otto bodhisattva femminili. Questa purificazione avviene unendo la vostra coscienza con il glorioso Lama che dimora nella coscienza primordiale non duale.

> *Prego il mio glorioso Lama. La tua attività illuminata è tutt'uno con l'attività di tutti i Lama, che liberano e portano a maturazione i fortunati discepoli attraverso le dodici realizzazioni degli stadi di generazione e completamento favorite dai potenziamenti. Ti prego, benedicimi!*

Dato che il Lama incarna tutti i maestri, la sua attività compassionevole è un tutt'uno con quella di tutti i Lama ed è in grado di condurre alla liberazione e alla maturità spirituale tutti i suoi fortunati discepoli. L'estensione di questa attività compassionevole aumenta man mano che si progredisce lungo le dodici realizzazioni degli stadi di generazione e di completamento favorite dai potenziamenti. Queste dodici realizzazioni si conseguono durante la pratica dei Sei Vajra Yoga nota come Assorbimento meditativo e corrispondono all'esaurimento dei componenti materiali del corpo e delle loro energie nei sei chakra. Per poter conseguire ciascuna di tali realizzazioni sono necessari i potenziamenti di infiniti Buddha.

> *Tu sei tutti gli yidam, i tuoi aggregati sono le sei famiglie di Buddha, le tue coscienze sono gli otto bodhisattva, le tue braccia, gambe e così via sono l'assemblea delle divinità irate. Ti prego, benedicimi!*

In questo verso supplichiamo il Lama come incarnazione di tutti gli yidam, ovvero le divinità illuminate pacifiche e irate che sono la fonte di ogni conseguimento tantrico. Le sei famiglie di Buddha (come menzionato precedentemente) sono l'aspetto puro dei sei aggregati. Gli otto bodhisattva sono l'aspetto puro degli otto poteri sensoriali mentre l'assemblea delle divinità irate è l'aspetto puro delle *cinque facoltà d'azione*: (1) la facoltà della bocca, (2) la facoltà delle braccia, (3) la facoltà delle gambe, (4) la facoltà dell'ano e (5) la facoltà suprema.

Prego il glorioso Lama. Tu sei tutti i Buddha, la tua natura è il magnifico corpo di verità; hai perfezionato le due accumulazioni e manifesti infinite emanazioni per il beneficio degli esseri. Ti prego, benedicimi!

Ora supplichiamo il Lama come incarnazione di tutti i Buddha. La sua natura è inseparabile dal dharmakaya, lo straordinario corpo di verità. Avendo perfezionato le due accumulazioni di meriti e saggezza, è in grado di manifestare innumerevoli corpi di emanazione per il beneficio degli esseri. Attraverso l'accumulazione di meriti e saggezza ha svelato i due *corpi del Buddha:* (1) il corpo dharmakaya della realtà dell'illuminazione e (2) gli infiniti corpi di forma rupakaya.

Prego il glorioso Lama. Tu sei tutti i Dharma immacolati. Ti manifesti nell'aspetto degli insegnamenti e dei testi del significato definitivo, guidandoci verso la verità profonda inesprimibile. Ti prego, benedicimi!

Con questo verso consideriamo che il Lama sia l'incarnazione di tutti i Dharma immacolati, che comprendono gli 84.000 insegnamenti del Buddha e servono come rimedio per ogni afflizione mentale concepibile. Ciò include gli insegnamenti e i testi del significato definitivo, ovvero quelli che riguardano l'interpretazione definitiva, in particolare gli insegnamenti del terzo giro della ruota del Dharma sulla realtà inesprimibile della natura di Buddha che formano la base dell'insuperabile visione Zhentong di Dolpopa. Mediante le parole e l'esposizione di questi insegnamenti e testi, veniamo condotti all'esperienza diretta dell'ineffabile verità profonda, proprio come un dito può indicare la luna pur non essendo la luna.

Prego il glorioso Lama. Tu sei tutti gli Arya Sangha che dimorano nei dieci livelli del bodhisattva, avendo conseguito la completa liberazione e realizzazione; tu sei l'amico immacolato e virtuoso, rifugio per tutti gli esseri. Ti prego, benedicimi!

Ora supplichiamo il Lama quale incarnazione dell'Arya Sangha, gli immacolati amici virtuosi che ci assistono lungo il nostro sentiero spirituale. Si tratta di esseri nobili che avanzano irreversibilmente verso la

Buddhità attraverso il potere dei loro meriti e della loro saggezza e che sono entrati nel sentiero della visione profonda in cui è possibile percepire direttamente la vera natura vuota della realtà. Questo percorso si articola in dieci stadi conosciuti come i dieci livelli del bodhisattva, durante i quali si eliminano oscuramenti sempre più sottili e si perfezionano qualità come la generosità e la pazienza. Completa liberazione e realizzazione significa essersi liberati dal ciclo di rinascite nel samsara, il che è possibile mediante il conseguimento della visione della vacuità di un bodhisattva seguendo il percorso della visione profonda.

Prego il glorioso Lama. Tu sei tutti i protettori del Dharma che distruggono ogni nemico ed ostacolo attraverso il potere della compassione non duale. Ti prego, benedicimi!

Qui consideriamo il Lama come l'incarnazione di tutti i protettori del Dharma che distruggono ogni nemico ed ostacolo. Si tratta di esseri mondani o illuminati che assumono una forma irata. La loro funzione è quella di proteggere gli insegnamenti del Buddha affinché non vengano snaturati o distorti e di aiutare i praticanti sinceri a sconfiggere non solo i nemici ma anche gli ostacoli esterni e interni. Gli ostacoli esterni includono problemi di salute o altre circostanze che disturbano la pratica del Dharma, mentre i punti di vista distorti o l'attrazione verso attività che ci distraggono sono considerati ostacoli interni. La compassione non duale si riferisce a quel tipo di compassione che è consapevole della natura illusoria di tutti i fenomeni e pertanto non ha aspettative né attaccamento.

Prego il glorioso Lama. Tu sei l'origine di tutti i siddhi, dispensatore delle realizzazioni supreme e comuni, avendo padroneggiato le attività di pacificare, incrementare, controllare e sottomettere. Ti prego, benedicimi!

Ora supplichiamo il Lama come l'origine di tutti i siddhi poiché, seguendo le sue istruzioni, possiamo conseguire le realizzazioni supreme e comuni. Le realizzazioni comuni si riferiscono alle abilità soprannaturali come la chiaroveggenza e i poteri miracolosi, mentre le realizzazioni supreme sono correlate con l'ottenimento di qualità illuminate. I quattro poteri sublimi di un Buddha sono: (1) pacificare, (2) incrementare, (3) controllare e (4) sottomettere. Sono i mezzi mediante i quali un Buddha intraprende attività spontanee che giovano agli esseri in modo illimitato. In quanto praticanti del Vajrayana vi state addestrando a vedere ogni cosa il Lama faccia o dica come un'espressione di questi quattro poteri in quanto state imparando a percepirlo come un Buddha vivente.

Prego il glorioso Lama. Tu disperdi ogni oscurità ed elimini le concezioni errate componendo, dibattendo, spiegando i sutra, i tantra, i commentari e le istruzioni essenziali. Ti prego, benedicimi!

Ora supplichiamo il Lama nell'aspetto di un perfetto maestro di Dharma che dissipa le tenebre dell'ignoranza e delle concezioni errate. Lo fa componendo testi, intraprendendo dibattiti per sconfiggere le visioni sbagliate, spiegando le parole del Buddha presentate nei sutra e nei tantra in relazione ai trattati o ai commentari autentici e infine trasmettendo le istruzioni essenziali o il consiglio del cuore, ovvero le istruzioni orali fondamentali tramandate attraverso il lignaggio.

Attingendo al nettare delle sue preziose istruzioni di Dharma sul profondo significato, da ora in poi, possa io seguire il Lama come un'ombra. Possa il mio glorioso Lama benedirmi affinché tutto questo possa essere realizzato!

Questo verso dichiara il nostro impegno risoluto a seguire le preziose istruzioni del Dharma che il Lama impartisce, le quali conducono alla profonda verità della vacuità. Essendo tale Dharma molto prezioso, ci impegniamo a fare offerte e a servire il Lama, seguendolo come un'ombra. Rafforzando in questo modo la nostra relazione con lui, accumuliamo meriti e ci mettiamo così in una posizione migliore per comprendere il profondo significato dei suoi insegnamenti.

Senza attaccamento al cibo, ai vestiti e al lusso, abbandonando i mezzi di sostentamento errati e impuri, possa io assaporare il nettare del Dharma con la punta della mia lingua. Possa il mio glorioso Lama benedirmi affinché tutto questo possa essere realizzato!

Ora ci impegniamo a sviluppare una genuina mente di rinuncia promettendo di praticare il Dharma senza attaccamento al cibo, al vestiario o al lusso. Tale promessa è rafforzata dal fatto che abbandoniamo i mezzi di sostentamento errati e impuri, che includono qualsiasi attività che comporti recare danno agli esseri viventi, truffare, rubare, dire menzogne o altre forme di condotta immorale.

Da ora in poi possa io rimanere in un luogo isolato a meditare con concentrazione univoca sul significato profondo, così da poter conseguire il grande sigillo della liberazione in questa stessa vita. Possa il mio glorioso Lama benedirmi affinché tutto questo possa essere realizzato!

Avendo stabilito la mente della rinuncia, ora promettiamo di semplificare la nostra esistenza, contenti di vivere in un luogo appartato dove le condizioni sono propizie allo sviluppo di una buona concentrazione univoca attraverso un'intensa pratica di meditazione sul profondo significato del Dharma. Con questo tipo di dedizione possiamo prefiggerci il raggiungimento del grande sigillo della liberazione, ovvero il risultato finale della Buddhità, in una sola vita.

Possa io vedere le quattro sillabe ai chakra del corpo del Lama come i quattro corpi del Buddha.
Possa io ricevere le quattro iniziazioni concentrandomi su queste sillabe. Possa il mio glorioso Lama benedirmi affinché tutto questo possa essere realizzato!

Questo verso è una preghiera di aspirazione per ricevere le quattro iniziazioni dal Lama. Queste quattro iniziazioni vengono ricevute concentrandosi sulle quattro sillabe ubicate ai quattro chakra principali del corpo del Lama: la fronte, la gola, il cuore e l'ombelico. Con ognuna di queste iniziazioni risvegliate i quattro kaya del Buddha nel vostro continuum mentale: nirmanakaya, sambhogakaya, dharmakaya e svabhavikakaya.

Ricevere le quattro iniziazioni

Dalla OM (ༀ) alla fronte del mio Lama si emana una OM (ༀ) bianca che si dissolve nel mio chakra della fronte. Attraverso questo potenziamento possa io ricevere l'iniziazione del vaso. Possa il mio glorioso Lama benedirmi affinché tutto questo possa essere realizzato!

Analogamente al Guru Yoga fondamentale, ora riceviamo le quattro iniziazioni. Si comincia con l'iniziazione del vaso, che si riceve quando la OM visualizzata alla fronte del Lama emana una luce bianca abbagliante e si dissolve nel vostro chakra della fronte.

Attraverso questo potenziamento possa io purificare gli oscuramenti del corpo e dello stato di veglia. Possa esperire le quattro gioie e svelare il corpo di emanazione Vajra. Possa il mio glorioso Lama benedirmi affinché tutto questo possa essere realizzato!

L'iniziazione del vaso purifica gli oscuramenti del vostro corpo accumulati mediante azioni negative come rubare e così via e anche gli oscuramenti dello stato di veglia, momento in cui il chakra della fronte è più attivo. Quando i fluidi corporei densi vengono raffinati e diventano sempre più sottili mentre si muovono lungo i quattro chakra principali, si sperimentano le quattro gioie. Questo processo elimina anche la negatività e gli oscuramenti che creano "nodi" intorno a suddetti chakra. Inoltre tale iniziazione vi introduce all'indistruttibile corpo di emanazione Vajra, ovvero l'aspetto nirmanakaya della vostra natura di Buddha.

Dalla AH (ཨཱཿ) alla gola del mio Lama si emana una AH (ཨཱཿ) rossa che si dissolve nel mio chakra della gola. Attraverso questo potenziamento possa io ricevere l'iniziazione segreta. Possa il mio glorioso Lama benedirmi affinché tutto questo possa essere realizzato!

Successivamente raggi abbaglianti di luce rossa si irradiano dalla sillaba AH alla gola del lama dissolvendosi nel vostro chakra della gola e così ricevete l'iniziazione segreta.

Attraverso questo potenziamento possa io purificare gli oscuramenti della parola e dello stato di sogno. Possa esperire le quattro gioie eccellenti e ottenere il corpo di godimento della parola Vajra. Possa il mio glorioso Lama benedirmi affinché tutto questo possa essere realizzato!

Questa iniziazione purifica gli oscuramenti della parola connessi con le bugie, il linguaggio offensivo e così via. Purifica anche gli oscuramenti dello stato di sogno associato al chakra della gola e determina la nostra abilità di intraprendere pratiche come lo yoga del sogno. Le quattro gioie eccellenti vengono sperimentate quando i fluidi sottili, o essenze, vengono ulteriormente raffinati. In questa maniera siete introdotti al corpo di godimento della parola Vajra, l'aspetto sambhogakaya della vostra natura di Buddha.

Dalla HUNG (ཧཱུྃ) al cuore del mio Lama si emana una HUNG (ཧཱུྃ) nera che si dissolve nel chakra del mio cuore. Attraverso questo potenziamento possa io ricevere l'iniziazione della saggezza primordiale. Possa il mio glorioso Lama benedirmi affinché tutto questo possa essere realizzato!

Ora raggi abbaglianti di luce nera si irradiano dalla sillaba HUNG al cuore del Lama dissolvendosi nel vostro chakra del cuore e così ricevete l'iniziazione della saggezza primordiale.

Attraverso questo potenziamento possa io purificare gli oscuramenti della mente e dello stato di sonno profondo. Possa esperire le quattro gioie supreme e realizzare il corpo del dharmakaya e la mente Vajra. Possa il mio glorioso Lama benedirmi affinché tutto questo possa essere realizzato!

Questa iniziazione purifica gli oscuramenti della mente connessi con la lussuria, le convinzioni errate e così via e purifica anche gli oscuramenti dello stato di sonno profondo associato al chakra del cuore. Le quattro gioie supreme sono esperite quando le essenze vengono ulteriormente raffinate nei quattro chakra. In questa maniera venite introdotti al corpo dharmakaya della mente Vajra, l'aspetto dharmakaya senza inizio della vostra natura di Buddha.

Dalla HO (ཧོཿ) all'ombelico del mio Lama si emana una HO (ཧོཿ) gialla che si dissolve nel mio chakra dell'ombelico. Attraverso questo potenziamento possa io ricevere la quarta sacra iniziazione. Possa il mio glorioso Lama benedirmi affinché tutto questo possa essere realizzato!

Infine raggi abbaglianti di luce gialla si irradiano dalla sillaba HO all'ombelico del Lama dissolvendosi nel vostro chakra dell'ombelico e così ricevete la quarta sacra iniziazione.

Attraverso questo potenziamento possa io purificare le propensioni dell'attaccamento, esperire le quattro gioie innate e svelare la saggezza primordiale Vajra della vacuità di beatitudine. Possa il mio glorioso Lama benedirmi affinché tutto questo possa essere realizzato!

Questa iniziazione purifica le propensioni più sottili dell'attaccamento che vengono conservate nella coscienza fondamentale e sono alla base di tutte le altre tendenze negative di corpo, parola e mente. Le quattro gioie innate sono esperite quando le essenze vengono raffinate ulteriormente. In questa maniera siete introdotti alla saggezza primordiale Vajra della vacuità di beatitudine, l'aspetto svabhavikakaya della vostra natura di Buddha che rappresenta l'inseparabilità di tutti e tre i kaya.

Dissoluzione

Il Lama alla sommità del mio capo si dissolve in luce e poi si dissolve in me. Dimora al centro di un loto di otto petali all'altezza del mio cuore. Possa il mio glorioso Lama benedirmi affinché tutto questo possa essere realizzato!

(Meditate sullo stato naturale dell'inseparabilità della vostra mente da quella del vostro Lama, il grande corpo di verità del dharmakaya, e rimanete nello stato non concettuale del Dharmadhatu il più a lungo possibile)
Analogamente al Guru Yoga fondamentale, terminate la pratica dissolvendo la visualizzazione e riconoscendo che il Lama ultimo non è

nient'altro che la vostra mente. Per fare ciò visualizzate il Lama sulla sommità del vostro capo mentre si dissolve in luce e discende lungo il vostro canale centrale fino al centro di un loto con otto petali situato al vostro cuore. Limitatevi a osservare semplicemente l'inseparabilità del Lama e della vostra mente. Rimanete in questo stato naturale il più a lungo possibile. Non appena la mente inizia ad agitarsi potete riprendere a recitare le preghiere e le suppliche.

Dedica

Attraverso questa pratica possano tutti gli esseri purificare tutte le loro impurità e i loro ostacoli e raggiungere velocemente l'essenza del Tathagata.

Concludiamo dedicando i meriti per beneficio ultimo degli altri. In questo caso preghiamo affinché tutti gli esseri purifichino le proprie impurità e i propri ostacoli che impediscono loro di riconoscere la realtà della loro natura di Buddha. Inoltre preghiamo affinché raggiungano velocemente l'essenza del Tathagata, momento in cui verrà svelato completamente il fondamento del nostro vero essere, il Tathagatagarbha.

Possa io non far sorgere, nemmeno per un istante, idee errate sulle manifestazioni del glorioso Lama che portano alla liberazione. Avendo una devozione che vede tutte le azioni del Lama come eccellenti, possano le benedizioni del Lama entrare nella mia mente.

In questa aspirazione preghiamo di non perdere mai di vista il fatto che tutte le apparenze di cui facciamo esperienza non sono altro che espressioni della coscienza primordiale del glorioso Lama. Proprio attraverso la realizzazione della natura di tali apparenze raggiungeremo la liberazione. Con questa comprensione ci sforziamo di praticare la percezione pura capace di vedere tutte le azioni del Lama come opportunità per conseguire le realizzazioni.

Nelle mie vite future possa io non essere mai separato dal mio glorioso Lama. Possa non essere mai separato dalla gioia di praticare il prezioso

Dharma. Possa realizzare tutti i livelli (bhumi) e i sentieri illuminati e conseguire velocemente lo stato di Vajradhara.

Completiamo la pratica pregando di non essere mai separati dal Lama, sia dal punto di vista convenzionale, quale nostro maestro, che dal punto di vista ultimo, ovvero di non essere mai separati dalla nostra vera natura. Preghiamo di non essere mai separati dalla pratica del prezioso Dharma in modo da poter continuare il nostro viaggio verso l'illuminazione, percorrendo i dieci livelli del bodhisattva (bhumi) che compongono i cinque sentieri e raggiungendo, infine, lo stato pienamente illuminato di Vajradhara.

— *Jetsun Taranatha Drolway Gonpo* —
Il grande maestro Rimé che preservò la purezza della tradizione Jonang

CAPITOLO 12

Il Guru Yoga di Taranatha

L'ancora per raccogliere siddhi

Il Guru Yoga di Taranatha è la terza delle tre pratiche del Guru Yoga appartenenti alla tradizione Jonang ed è anche la più breve. È chiamato *"L'ancora per raccogliere siddhi"* poiché è una pratica fondamentale o radice ("un'ancora") per raggiungere la realizzazione spirituale. Il termine "siddhi" si riferisce ai conseguimenti spirituali ordinari come la chiaroveggenza o i poteri miracolosi, ma anche al supremo raggiungimento dell'illuminazione. Solo la realizzazione illuminata è in grado di sradicare le nostre afflizioni mentali, motivo per cui è considerata suprema.

Essendo Taranatha una figura straordinaria del lignaggio Jonang del Kalachakra, questo Guru Yoga ci offre l'opportunità di connetterci con la sua presenza spirituale e, così facendo, di creare un collegamento con tutti gli esseri illuminati. Nei monasteri Jonang odierni questo Guru Yoga si esegue nella seconda delle tre settimane dedicate alla pratica intensiva del Guru Yoga. Dovremmo sempre tener presente che il Guru Yoga è una pratica fondamentale che ci consente di sviluppare la nostra connessione non solo con il lignaggio, ma specificamente con l'autentica essenza della pratica tantrica: la nostra natura di Buddha primordialmente presente. Tale realizzazione ci permetterà di rendere la nostra pratica dei Sei Vajra Yoga una causa effettiva per il raggiungimento dell'illuminazione.

LA PRATICA DEL GURU YOGA DI TARANATHA CON COMMENTO

I principi e la struttura essenziali di tale pratica sono gli stessi che troviamo nel Guru Yoga fondamentale descritto precedentemente. La cosa più importante da ricordare è che, in definitiva, il Lama è l'aspetto della saggezza della vostra mente, per cui l'atto di pregare e di supplicare il Lama esterno è, in realtà, un mezzo abile per aiutarvi a realizzare questa saggezza interna.

Visualizzazione

Rendo omaggio con fervore al glorioso Lama. Tutti i fenomeni sono solo illusioni della mente. La natura della mente è vuota e chiara, al di là di ogni imputazione. Qualsiasi fenomeno che appare non è mai separabile dalla sempre presente coscienza di sé.

Questo Guru Yoga inizia rendendo omaggio e prostrandosi davanti al glorioso Lama, l'incarnazione di tutti i Buddha e la vostra connessione personale con l'illuminazione. Il passaggio successivo descrive la vacuità della verità relativa affermando che tutti i fenomeni relativi sono solo illusioni della mente. Tuttavia, la verità definitiva della nostra natura di Buddha non è vuota di se stessa, ma è vuota e chiara. Pertanto tutto ciò che percepiamo è una manifestazione di proiezioni della mente e non la vera natura della mente stessa.

OM SHUNYATA JÑANA VAJRA SVABHAVA ATMAKHO HUNG

Con questo mantra tutti i fenomeni relativi si dissolvono nello stato di vacuità (*SHUNIATA*), manifestandosi come il riflesso della luna su uno specchio d'acqua. Tale mantra, a differenza dei precedenti, va oltre la vacuità in quanto enfatizza maggiormente l'aspetto di "pienezza": la realtà della natura di Buddha come base del nostro essere.

La mia mente nel suo stato naturale è la terra pura di Akanishta. Al centro di questa terra pura c'è un palazzo splendente, dove il mio glorioso Lama radice siede su un loto, un disco di sole e un disco di luna che poggiano su un trono sorretto da leoni.
(Per coerenza si possono visualizzare anche i dischi di Rahu e Kalagni)

Dopo aver mantenuto per un po' di tempo la mente nel suo stato naturale, iniziate a visualizzare un palazzo splendente nel centro di Akanishta, la terra pura del sambhogakaya, il corpo di godimento. Il glorioso Lama radice sta seduto nello spazio davanti a voi, al centro del palazzo, su un trono di leone, un fiore di loto, i dischi di sole e di luna. Questi elementi rappresentano rispettivamente maestosità, purezza, saggezza e compassione.

Il mio glorioso Lama è splendente come una montagna dorata che riflette centomila raggi solari. Compiaciuto, mi sorride.

IL GURU YOGA DI TARANATHA

Il Lama ha un aspetto splendente e vi sorride come se dicesse "Ben fatto!". Qui la forma del Lama non viene specificata per cui lo potete visualizzare come Vajradhara, con l'aspetto di Taranatha, oppure come il vostro Lama radice. Ad ogni modo la sua natura è inseparabile dalla presenza spirituale di Taranatha e dalla natura del vostro Lama radice.

Nello spazio al di sopra del mio Lama appaiono, in maniera miracolosa, i maestri del lignaggio, circondati da heruka come Vajravarahi e da nuvole di yidam.

I maestri del lignaggio Jonang-Shambhala appaiono nello spazio al di sopra del Lama, mentre gli yidam pacifici e irati (chiamati anche "heruka") circondano il Lama come una grande nube.

Nello spazio davanti a me appaiono i Buddha e i bodhisattva delle dieci direzioni e nella parte sottostante vi sono le emanazioni dei gloriosi arhat. Essi sono circondati da dakini e dai protettori del Dharma che tutto vedono, assieme al loro seguito, pronti ad obbedire a qualsiasi istruzione del Lama.

Ora visualizziamo l'assemblea dei Buddha e dei bodhisattva delle dieci direzioni (i quattro punti cardinali, i quattro intermedi, l'alto ed il basso.) Inoltre visualizziamo le emanazioni degli arhat, che consideriamo come emanazioni effettive dei Buddha e dei bodhisattva. Intorno a loro vi sono le dakini e i protettori del Dharma, la cui funzione consiste nel proteggerci contro gli ostacoli interni ed esterni. Sono pronti a obbedire ad ogni istruzione del Lama poiché sono sue emanazioni con un compito particolare da svolgere.

L'intera assemblea, in vibrante movimento come fulmini e nuvole di tempesta, riempie tutto lo spazio e le terre circostanti. Tutti questi esseri hanno corpi radiosi e il loro aspetto si manifesta in accordo con le inclinazioni dei diversi esseri senzienti che hanno bisogno di essere domati. Essi diffondono incessantemente gli insegnamenti del Mahayana e le loro menti dimorano nella chiara luce della grande beatitudine mentre compiono un oceano di attività virtuose.

Questo verso descrive le caratteristiche generali che dovrebbe avere la vostra visualizzazione dell'assemblea. Invece di essere piatta, solida e statica, la visualizzazione dovrebbe essere luminosa, in vibrante movimento e incredibilmente vasta, fino ad estendersi agli angoli più remoti dello spazio.

Mentre le loro menti dimorano nella chiara luce della grande beatitudine che trascende ogni concetto dualistico, questi esseri illuminati espongono incessantemente gli insegnamenti del Mahayana per il bene di tutti gli esseri ed eseguono, spontaneamente e senza sforzo, oceani di azioni virtuose.

Tutto ciò non è nient'altro che una manifestazione profonda del glorioso Lama, proprio come tutte le apparenze del samsara e del nirvana sono la manifestazione miracolosa della saggezza primordiale del Lama.

In realtà tutta la vostra visualizzazione è una manifestazione del glorioso Lama dato che il Lama è inseparabile dalla vostra natura di Buddha e incarna tutti i maestri del lignaggio, gli yidam, i Buddha, i bodhisattva, gli arhat, le dakini e i protettori del dharma. Tra questa vasta e sublime assemblea noi scegliamo di concentrarci sul Lama poiché è la nostra connessione personale con l'illuminazione.

Secondo la visione buddhista più elevata tutte le apparenze del samsara e del nirvana sono una manifestazione miracolosa della saggezza primordiale del Lama, il quale non è altro che la nostra natura di Buddha. A livello ultimo, per esempio, i cinque aggregati sono i cinque Buddha maschili e i cinque elementi sono le loro consorti, mentre i sei poteri sensoriali sono i sei bodhisattva maschili e i sei oggetti sono le loro consorti.

La supplica al Lama

Offro il mio corpo, i miei possedimenti, tutte le virtù dei tre tempi e qualsiasi immaginabile oggetto di offerta proveniente dalle terre pure delle dieci direzioni.

Una volta stabilita la visualizzazione con il Lama come vostro oggetto centrale di rifugio, riempite la vostra mente di ogni oggetto di offerta concepibile, includendo il vostro corpo (che tanto amate), i vostri possedimenti e tutte le azioni virtuose passate, presenti e future compiute da voi e dagli altri. Inoltre dovreste visualizzare anche le terre pure di Buddha delle dieci direzioni e fare offerta anche di queste.

Offro con aspirazione pura ogni cosa che la mia mente può concepire: tutti gli esseri dei sei regni inclusi i nemici, gli amici e i parenti, fino a comprendere gli esseri degli angoli più reconditi dello spazio, insieme ad ogni oggetto d'offerta piacevole dei tre regni. Attraverso il potere della mia visualizzazione e della mia preghiera, manifesto tutti questi magnifici e infiniti oggetti di offerta.

La pratica dell'offerta continua mentre richiamate alla mente e manifestate infiniti magnifici oggetti di offerta, avendo l'aspirazione pura di connettervi con la saggezza di Buddha per il beneficio degli altri. La vostra offerta include tutti gli esseri dei sei regni: gli esseri umani, gli animali e anche gli esseri invisibili come gli dèi, i semidei, gli spiriti affamati e gli esseri infernali. Dovreste includere anche i vostri cari, gli amici, i parenti e i vostri nemici. Di solito nelle pratiche di offerta pensiamo soltanto agli oggetti belli e gradevoli, mentre in realtà non vi è differenza tra ciò che è piacevole e ciò che non lo è poiché tutte le cose non sono nient'altro che proiezioni della mente. Per questo motivo dovremmo offrire tutte le cose, senza preferenze né pregiudizi, lasciando andare ogni forma di attaccamento e di avversione.

Tutti questi tesori di offerta si manifestano dalla coscienza primordiale dei Buddha, dei bodhisattva e delle dakini che appaiono nei tre tempi e nelle dieci direzioni. Tutte queste innumerevoli e inconcepibili manifestazioni non sono altro che la gloriosa manifestazione della mente del Lama, inseparabile dalla mia mente, la manifestazione senza inizio del dharmakaya.

Da ultimo, tutti questi oggetti di offerta sono manifestazioni della coscienza primordiale dei Buddha e degli altri oggetti di rifugio e, in particolare, non sono nient'altro che la gloriosa manifestazione della mente del Lama, inseparabile dalla nostra mente. Mentre all'inizio vediamo la vasta manifestazione degli oggetti di offerta come qualcosa di esterno a noi, successivamente comprendiamo che tutto è un riflesso della nostra natura di Budda, inseparabile dal Lama.

Prezioso Lama, tu sei tutti i Buddha. Prezioso Lama, tu sei il Dharma. Prezioso Lama, tu sei il Sangha.

Ora supplichiamo il Lama quale incarnazione dei *Tre Gioielli Esterni*: (1) il Buddha, (2) il Dharma e (3) il Sangha. Si tratta delle manifestazioni esterne che fungono da sostegno primario per la nostra pratica spirituale. Ciascuno di loro è incorporato nella forma fisica del Lama.

Supremo re del Dharma, tu sei tutti i Lama. Tu sei tutti gli yidam, mentre tutte le dakini e i protettori del Dharma sono il tuo seguito. Ti prego Vajradhara, benedici me e tutti coloro che hanno fede in te!

Ora preghiamo il Lama quale incarnazione dei *Tre Gioielli Interni*: (1) il Lama, (2) gli yidam e (3) le dakini. Preghiamo il Lama come re supremo del Dharma e incarnazione di tutti i Lama che detengono il santo lignaggio e insegnano il prezioso Dharma. Lo stesso Lama incarna gli yidam illuminati, che sono la radice delle realizzazioni spirituali, le dakini, che sono la radice di tutte le attività illuminate e una fonte interna di protezione, e anche i protettori del Dharma, che ci difendono da ogni ostacolo al nostro progresso spirituale. Diciamo che si manifestano come il seguito del Lama dato che sono inseparabili dalla sua natura illuminata. A livello relativo vengono mandati a compiere le istruzioni del Lama analogamente al messaggero di un re. Infine preghiamo il Lama come Vajradhara, la natura essenziale del Guru illuminato e la fonte di ogni benedizione.

Glorioso Lama, tu sei Vajradhara nella terra pura del corpo di godimento. Tu sei l'heruka irato quando sottometti tutti i demoni. Tu sei Shakyamuni per gli esseri dotati di rinuncia pura. Sei il grande saggio per gli asceti.

Come un cristallo può riflettere molti colori diversi, la compassione del Lama si riflette in un numero infinito di forme a seconda dei meriti, delle capacità e delle personalità dei diversi esseri. Per coloro che hanno una percezione pura egli appare come Vajradhara nella terra pura del corpo di godimento. Per gli esseri malvagi e senza regole che devono essere domati appare come l'heruka irato, un'espressione illuminata della compassione irata capace di sottomettere tutti i demoni. Per chi ha una rinuncia pura, come i grandi arhat del tempo del Buddha, egli appare nella forma umana di Buddha Shakyamuni, mentre per coloro che vivono come asceti appare nelle vesti di un grande saggio che indica la vera via di mezzo.

A coloro i quali seguono il sentiero dei tre veicoli, ti manifesti come bodhisattva, pratyeka e grande shravaka. Ti manifesti anche nell'aspetto di Brahma, Vishnu, Shiva e di tutti gli altri saggi e santi.

Il Buddha descrisse tre tipi di percorsi, chiamati i *tre veicoli*, adatti ai differenti tipi di aspiranti praticanti spirituali: (1) il veicolo del bodhisattva, (2) il veicolo del pratyeka e (3) il veicolo dello shravaka. Il veicolo del bodhisattva è un viaggio che si protrae lungo un gran numero di vite e racchiude l'aspirazione di mantenere il voto di diventare un Buddha onnisciente in modo da poter, spontaneamente e senza sforzo, aiutare gli esseri a liberarsi dalla sofferenza e a raggiungere l'illuminazione. Il veicolo del pratyeka o "realizzatore solitario" è un cammino atto a sviluppare una profonda saggezza attraverso l'analisi personale, senza ricorrere a maestri esterni, e il cui risultato è una forma più limitata di illuminazione. Il veicolo dello sharavaka o "ascoltatore" consiste nell'ascoltare e seguire gli insegnamenti fondamentali del Buddha per raggiungere la liberazione individuale dal samsara. Per gli aspiranti di ciascuno di questi percorsi il Lama si manifesta come un mentore spirituale adeguato, ovvero un bodhisattva, un pratyeka o un grande shravaka.

La parte finale di questo verso è una dimostrazione della profonda saggezza di Taranatha e della sua prospettiva perfettamente non settaria. Il Lama non si manifesta soltanto come maestri o mentori buddhisti, ma anche come maestri, saggi e santi di altre tradizioni quali Brahma, Vishnu e Shiva dell'induismo. Ciò comprende anche grandi saggi come Gesù Cristo o il profeta Maometto. Dal momento che gli esseri senzienti hanno personalità e stili di apprendimento differenti, è logico che i Buddha abbiano insegnato una varietà di sistemi religiosi diversi per portare tutti loro ad avvicinarsi maggiormente alla verità.

Alcune volte ti manifesti come un re, altre volte come uno yogi o un asceta. Ad altri appari come un monaco puro vestito semplicemente. Prego te, che compi straordinarie e vaste attività in accordo ai bisogni di ogni essere. Proprio come i pensieri e le aspirazioni di tutti gli esseri sono inconcepibili, così lo è la vastità e la profondità dei tuoi insegnamenti.

In questo verso continuiamo a supplicare il Lama quale incarnazione suprema di tutto ciò che è benefico nel mondo. Si manifesta nell'aspetto di un re intento negli affari mondani per portare pace, giustizia e valori spirituali a un grande numero di persone. Si manifesta anche come yogi o asceta per mostrare il cammino della rinuncia e della disciplina agli aspiranti spirituali e appare nell'aspetto di un monaco puro con indumenti semplici per dimostrare la perfetta condotta morale e i benefici di una vita semplice votata al bene altrui. Per questo motivo preghiamo il Lama, che realizza attività straordinarie secondo i bisogni di ogni essere. I metodi usati dal Lama per insegnare il Dharma sono imperscrutabili come i pensieri e le aspirazioni degli infiniti esseri.

Come l'arcobaleno e le nuvole nel cielo sorgono, permangono e poi scompaiono, così tu sei il corpo dharmakaya dello stato d'illumina-

zione, libero da ogni estremo, e compi spontaneamente e senza sforzo straordinarie attività. Anche se agisci in modo da soddisfare i bisogni di tutti gli esseri, tu dimori nello stato chiaro, autoconsapevole e non duale della vastità del dharmadatu.

Questi due versi offrono una descrizione poetica della compassione spontanea e senza sforzo del Lama, la quale assume la forma di straordinarie attività eseguite in modo da soddisfare le necessità di tutti gli esseri. Queste attività spontanee vengono paragonate ad arcobaleni e a nubi. Emergono e svaniscono spontaneamente nella vastità del cielo in correlazione con numerose cause e condizioni come la presenza dell'umidità, l'angolazione della luce del sole e così via. In modo analogo le straordinarie attività di un Lama si manifestano dalla vastità del corpo di verità del dharmakaya – lo stato della vastità chiaro, autocosciente e non duale dello spazio fondamentale della realtà (Dharmadhatu) – in dipendenza da cause e condizioni quali i meriti e le aspirazioni dei diversi esseri.

Tu trascendi la nascita e la morte, l'andare e il venire, il vicino e il lontano. Rivolgo le mie preghiere a te, corpo di purezza dello stato di illuminazione. Ti porgo omaggio dal profondo del mio cuore con incessante devozione!

Il corpo puro del dharmakaya della realtà dell'illuminazione del Lama trascende completamente ogni concetto come nascita e morte, andare e venire, vicino e lontano. L'incessante devozione che facciamo sorgere nei confronti del Lama dalle profondità del nostro cuore non è altro che devozione e fiducia nella realtà della nostra natura di Buddha. Pregare il Lama è pertanto un mezzo molto abile per avvicinarci ulteriormente a questa sacra verità.

Prendo rifugio in te, incarnazione di tutte le fonti di rifugio. Ti offro infiniti oggetti virtuosi essendo consapevole, allo stesso tempo, della loro natura vuota. Confesso e purifico tutte le mie negatività, benché la loro natura sia vuota sin dall'inizio.

Con questo verso iniziamo una preghiera in sette rami. Per prima cosa rendiamo omaggio al Lama, che è l'incarnazione di ogni fonte di rifugio. Poi offriamo infiniti oggetti virtuosi e confessiamo e purifichiamo tutte le nostre negatività. Tuttavia ciò racchiude un significato ancora più profondo poiché veniamo sollecitati ad essere consapevoli della natura vuota degli oggetti di offerta e del fatto che, in definitiva, non vi sia nulla da confessare in quanto la nostra natura è primordialmente pura. Queste considerazioni incredibilmente profonde ci aiutano a vedere la pratica alla luce del suo significato definitivo, dal momento che ci ricordano la natura illusoria di tutti i fenomeni.

Rigioisco per le virtù di tutti gli esseri nel samsara e nel nirvana. Possa il suono vuoto dei tuoi insegnamenti non cessare mai.

Nel prosieguo della preghiera in sette rami gioiamo delle virtù di tutti gli esseri e chiediamo al Lama che non smetta mai di insegnare il prezioso Dharma. Dal punto di vista della verità ultima perfino le parole del Lama non son altro che suono vuoto, una luminosità del dharmakaya senza inizio che viene percepita sotto forma di suono.

Il corpo del dharmakaya dello stato di illuminazione trascende nascita e morte. Possa tu girare incessantemente la ruota del prezioso Dharma. Possa tu rimanere per sempre per il beneficio di tutti gli esseri.

Con questo verso chiediamo al Lama di continuare a girare la ruota del prezioso Dharma secondo le necessità degli esseri senzienti e di rimanere per sempre nel samsara per il bene di tutti gli esseri.

Dedico tutte le mie virtù affinché la mia mente possa diventare inseparabile dalla tua, oh santo Lama. Possano tutti gli esseri conseguire l'illuminazione suprema!

Concludiamo la preghiera in sette rami dedicando tutte le nostre virtù affinché la nostra mente possa diventare inseparabile da quella del santo Lama, ovvero affinché possiamo scoprire la sacra realtà della nostra natura di Buddha riconoscendo la natura ultima del Lama. Inoltre dedichiamo questa pratica con l'aspirazione di un bodhisattva, desiderando con molta compassione che tutti gli esseri si liberino dalla sofferenza e che raggiungano l' illuminazione suprema.

Glorioso Drolway Gonpo, salvatore di tutti gli esseri, ti prego benedicimi con il tuo corpo, parola e mente. Concedimi le quattro iniziazioni in questo preciso istante!

Ora supplichiamo il glorioso Drolway Gonpo, meglio conosciuto come Taranatha, il salvatore di tutti gli esseri dall'incontrollabile sofferenza dell'esistenza samsarica. Lo imploriamo affinché ci benedica con il suo corpo, parola e mente e ci conferisca le quattro iniziazioni. Siccome il verso menziona Taranatha, l'autore di questo Guru Yoga, probabilmente è stato aggiunto successivamente all'epoca in cui visse Taranatha stesso.

Ricevere le quattro iniziazioni

Possa il mio corpo trasformarsi nella beatitudine innata. Possa la mia parola trasformarsi con il potere del mantra. Possa il mio cuore trasformarsi nella saggezza di chiara luce!
Lama perfetto, ti prego, benedicimi in questo istante.

Quando riceviamo le prime tre delle quattro iniziazioni il nostro corpo si trasforma nel corpo Vajra di innata beatitudine, la nostra parola si trasforma nella parola Vajra che possiede il potere del mantra e il nostro cuore si trasforma nella mente Vajra, inseparabile dalla saggezza di chiara luce della nostra natura di Buddha. Questo verso, in particolare la parte che fa riferimento al potere del mantra, racchiude anche un livello più profondo di significato che è in accordo con le istruzioni essenziali del tantra.

Raggi di luce si irradiano dalla fronte, dalla gola, dal cuore e dall'ombelico del Lama e si dissolvono nei miei quattro chakra corrispondenti conferendomi le quattro iniziazioni di corpo Vajra, parola Vajra, mente Vajra e saggezza primordiale Vajra!

Mentre recitate questo verso iniziate a ricevere le quattro iniziazioni. Raggi brillanti di luce bianca si irradiano dalla fronte del Lama e raggi abbaglianti di luce rossa, nera e gialla si irradiano rispettivamente dagli altri tre chakra della gola, del cuore e dell'ombelico. Questi raggi di luce si dissolvono nei vostri quattro chakra mentre ricevete le iniziazioni di corpo, parola, mente e saggezza primordiale Vajra. Con ognuna di queste quattro iniziazioni si purificano specifiche impurità e si ottengono specifici poteri spirituali. Per ulteriori dettagli a riguardo potete consultare le sezioni precedenti.

Possa io ricevere l'iniziazione del vaso. Possa io ricevere l'iniziazione segreta. Possa io ricevere l'iniziazione dell'unione della grande beatitudine e della saggezza. Possa io ricevere la quarta sacra iniziazione del grande sigillo al di là di ogni concetto!

Con questo verso ricevete effettivamente le quattro iniziazioni – l'iniziazione del vaso, l'iniziazione segreta, l'iniziazione della saggezza e la quarta sacra iniziazione. Ognuna di esse evidenzia un aspetto particolare della vostra natura di Buddha, come se dicesse "Ce l'hai!". Qui la terza iniziazione viene tradotta letteralmente in "l'iniziazione dell'unione di grande beatitudine e saggezza primordiale". La quarta iniziazione viene descritta come il grande sigillo che trascende i concetti in quanto indica direttamente la realtà ultima della vostra natura di Buddha, la quale è completamente al di là di tutti i concetti dualistici che danno origine al pensiero concettuale.

Dissoluzione

Grande re del Dharma, non mi affido a nessun altro che a te. Tu sei il mio unico vero rifugio. Come acqua versata nell'acqua, possa io dissolvermi in unione inseparabile con te!

Per l'ultima volta proclamiamo la nostra completa fede nel Lama, che consideriamo come il grande re del Dharma, il nostro vero oggetto di rifugio e il nostro unico valido salvatore dalla sofferenza del samsara. Poi il Lama si dissolve in luce fondendosi inseparabilmente con il vostro continuum mentale, come acqua versata nell'acqua. Tuttavia, quando si acquisisce maggior esperienza, questo processo di dissoluzione assomiglierà di più alla rottura di un vaso, momento in cui lo spazio vuoto interno si fonde con quello circostante. Ripetere continuamente questa pratica e osservare semplicemente la mente del Lama e la vostra fondersi in questa maniera vi permetterà di sviluppare una grande fiducia nella realtà della vostra natura di Buddha che è sempre stata dentro di voi.

Possa il Lama dissolversi nell'essenza del nettare e riempire i miei quattro chakra conferendomi le iniziazioni.

Mentre il Lama si dissolve in luce e poi si dissolve in voi, visualizzate la sua essenza nella forma di nettare bianco splendente che riempie il chakra della vostra fronte, della vostra gola, del vostro cuore e del vostro ombelico purificando tutte le impurità e le energie negative accumulate attorno a questi chakra. Un'incredibile gioia viene sperimentata quando questi centri energetici si attivano e, in tale maniera, ricevete ancora una volta le benedizioni di corpo, parola, mente e saggezza primordiale del Lama.

Meditate sul Lama naturale, lo straordinario corpo dharmakaya della realtà dell'illuminazione inseparabile dalla vostra mente e rimanete in questo stato naturale al di là di ogni concetto.

Dovreste meditare nuovamente sull'inseparabilità del grande corpo di verità del Lama e della vostra mente. Questo è ciò che viene chiamato il Lama naturale, lo stato illuminato naturale al di là di tutti i concetti dualistici che può essere realizzato solo quando la nostra fede e devozione ci conducono oltre la mente dualistica ordinaria.

Dedica

In tutte le mie future vite possa io rinascere in una nobile famiglia, con una mente pura, priva di orgoglio, con grande compassione e fede nel Lama. Possa io mantenere i miei impegni assunti nei confronti del glorioso Lama.

Completiamo questa pratica con versi di dedica. In questa preghiera manifestiamo la nostra aspirazione a nascere con tutte le condizioni necessarie per progredire lungo il cammino spirituale più rapidamente possibile. In particolare preghiamo di poter praticare i mezzi più profondi e abili di devozione nei confronti di un glorioso Lama e accumulare così oceani di meriti e saggezza.

Possa io non far sorgere, nemmeno per un istante, idee errate sulle manifestazioni del glorioso Lama che portano alla liberazione. Avendo una devozione che vede tutte le azioni del Lama come eccellenti, possano le benedizioni del Lama entrare nella mia mente.

Successivamente preghiamo di liberarci da ogni ostacolo alla nostra pratica spirituale. In particolare aspiriamo a essere liberi dalla visione ordinaria che si concentra sui difetti del Lama e che ci impedisce di raggiungere le realizzazioni. Invece preghiamo di sviluppare la percezione pura capace di riconoscere la purezza che sta alla base di ogni sua azione e che serve da fondamento per lo sviluppo della visione profonda.

Nelle mie vite future possa io non essere mai separato dal mio glorioso Lama. Possa non essere mai separato dalla gioia di praticare il prezioso

Dharma. Possa realizzare tutti i livelli (bhumi) e i sentieri illuminati e conseguire velocemente lo stato di Vajradhara.

Di nuovo concludiamo la pratica riconoscendo che il Lama è la base attraverso la quale ogni oscuramento viene rimosso e ogni qualità sviluppata. Per questo preghiamo di non essere mai separati da lui né dai suoi preziosi insegnamenti che conducono alla gioia ultima, l'illuminazione piena e completa.

Questo è il Guru Yoga perfetto, capace di consentirvi di raggiungere la Buddhità in questa vita. Non abbiate dubbi a riguardo. Composto da Jetsun Taranatha all'età di ventinove anni.

Questa pratica è stata composta dal grande erudito e maestro realizzato della tradizione Jonang Jetsun Taranatha all'inizio del diciassettesimo secolo. La sua dichiarazione conclusiva ci ricorda che questa pratica del Guru Yoga è straordinariamente profonda, rara e preziosa in quanto stabilisce una connessione con il santo lignaggio dei Sei Vajra Yoga. È una pratica così efficace e potente che vi permetterà di ottenere lo stato onnisciente di Buddha in una sola vita, emulando molti grandi praticanti del passato. Ciò dovrebbe costituire una incredibile fonte di fiducia, per cui non dovreste nutrire alcun dubbio su questa pratica.

Conclusione

Qui viene detto che il Kalachakra è il re dei tantra. È famoso sia tra i saggi che tra gli sciocchi nella Terra delle Montagne Innevate grazie alla bontà degli eccellenti protettori del Tibet che hanno conferito più e più volte le straordinarie iniziazioni del Kalachakra.

Tuttavia, dove sono i discepoli maturi, dotati di potere e fede, intenti in una pratica autentica e assidua? Vale la pena considerare come, anche nella Terra delle Nevi, questo così buon karma sia diventato quasi inesistente.

La pigrizia ha avuto la meglio sulla mia armatura di perseveranza poiché mi sono lasciato fuorviare dalle molteplici distrazioni. Benché questa analisi e questa comprensione non costituiscano una spiegazione inconfutabile, potete stare sicuri che vi guideranno verso il sentiero eccellente.

A causa di ciò, indotto dalla mia intenzione virtuosa, offro questa medicina di felicità e benessere a coloro che sono nuovi al sentiero. Possa la verità dell'origine interdipendente dare origine ad un grande potere e possano le dakini e i protettori del dharma aiutarci in ogni momento.

Da ora in poi, attraverso il sentiero del profondo significato definitivo, i Sei Yoga che interrompono il movimento dei venti nei canali sottili e la grande beatitudine dell'unione con la Grande Consorte della forma-vuota, possiamo noi sperimentare l'estasi delle sedici gioie.

Anche qualora gli altri esseri senzienti ed io non fossimo in grado di svelare l'essenza del profondo Dharma segreto, possiamo noi in futuro godere del Dharma definitivo e segreto dell'Età dell'Oro sotto la guida del mandala dei potenti Kalki.

OM AH HUM HO

TESORO NASCOSTO

— *Il regno sublime di Shambhala* —
I custodi degli insegnamenti del Kalachakra

CONCLUSIONE

Mi prostro e prendo rifugio in tutti coloro che sono degni di lode, come i re del Dharma Kalki, l'assemblea delle divinità di saggezza e le loro 96 emanazioni regali che dimorano nel lignaggio superiore del regno sublime del Tantrayana di Shambhala – Completamente circondata da montagne innevate, al centro di un loto a otto petali, in cima al monte Kailasha, si trova Kalapa, la capitale di Shambhala, meravigliosamente costruita. Tra il lago di Manasarovar e il lago dei Loti Bianchi, nel mezzo del boschetto di Malaya, si trova il mandala illuminato. Nei petali esterni del loto ci sono 96 milioni di città e così via.

Grazie al potere della sublime virtù creata attraverso questo impegno, quando abbandoneremo i corpi di questa vita, possiamo noi rinascere nel seguito dei gloriosi re Kalki di Shambhala e realizzare gli insegnamenti del Kalachakra.

Appendici

APPENDICE I:

La Scala Divina: pratiche preliminari e principali del profondo Vajrayoga di Kalachakra

di Jetsun Taranatha

Parte Prima: Preliminari esterni ed invocazione del lignaggio

I. Le quattro certezze della rinuncia

Oh, pensa! Dopo infiniti eoni, ora ho ottenuto questa preziosa rinascita umana molto difficile da conseguire e così facile da perdere. Il momento della morte è incerto e le condizioni che conducono ad essa vanno al di là della mia comprensione, questo amato corpo può morire anche oggi stesso! Così abbandonerò tutte le preoccupazioni mondane che mi tengono incatenato al samsara, incluse le non-virtù e i crimini nefandi. Invece userò il poco tempo che mi rimane in maniera saggia e praticherò il Dharma con urgenza, riflettendo sui benefici della liberazione.

(Chiudi la narice sinistra usando il mudra della pacificazione e fai uscire per tre volte il respiro dalla narice destra, poi fai lo stesso con l'altra narice. Concludi espirando per tre volte attraverso tutte e due le narici. Visualizza le afflizioni e le negatività lasciare il tuo corpo nella forma di fumo nero)

II. Breve invocazione della tradizione Jonang del Kalachakra

(i) Visualizzazione

Visualizza il tuo Lama radice seduto su un fiore di loto nel tuo cuore mentre ascende lungo il tuo canale centrale fino alla sommità del tuo capo. Il Lama appare luminoso.

(ii) Invocazione

Glorioso e prezioso Lama radice, avendo preso posto sul loto della devozione alla sommità del mio capo, benedicimi con la tua grande compassione, prenditi cura di me con la tua grande gentilezza e concedimi le realizzazioni (siddhi) del tuo corpo, parola e mente!

Prego te, Dolpopa. Tu sei l'onnisciente Signore del Dharma, che comprende perfettamente i tre giri della ruota del Dharma e le quattro classi del tantra. Ti prego, mostra l'infallibile sentiero a tutti gli esseri!

Prego te, Kazhipa. Incarnazione delle attività di tutti i Buddha, manifestando i quattro poteri sublimi, tu fai sì che il prezioso gioiello del Dharma risplenda come il sole.

Prego te, Rinchen Drakpa. Tu sei adorno degli insegnamenti del Dharma e di profonde realizzazioni, le tue attività sono sconfinate e ineguagliabili, chiunque ti veda o ti ascolti sicuramente sarà liberato!

Prego te, Gyalwa Sangye. Ordinato nel Dharma, la tua devozione verso i maestri è suprema e le tue azioni sono una gloriosa manifestazione di purezza, disciplina, saggezza e compassione.

Prego ai tuoi piedi, Kunga Nyngpo. Tu sei la fonte di tutto ciò che è buono, l'incarnazione di tutti i Buddha e l'unico rifugio per tutti gli esseri, che proteggi dal samsara e nirvana.

APPENDICE I - LA SCALA DIVINA

Prego te Chalongwa, albero del Dharma che esaudisce tutti i desideri. Le tue parole sbocciano come fiori e nuovi discepoli si deliziano nei tuoi insegnamenti come le api con il polline.

Prego te, Gawi Chöpel. La tua abilità nel parlare è illimitata e le tue sembianze sono perfette. Sei la fonte di tutte le supreme qualità, così come la tua condotta morale è eccellente e la tua conoscenza è insuperabile come un grande tesoro.

Prego te, Trinley Namgyal. La tua saggezza splende come Manjushri, incarnazione della saggezza di infiniti Buddha. Sei un tesoro di compassione, il potere di tutti i Buddha illuminati.

Ora prego tutti i miei preziosi maestri che mi hanno conferito le trasmissioni orali, le iniziazioni e gli insegnamenti. Chiunque, al solo ricordarvi, sarà liberato dalla sofferenza e chiunque abbia devozione in voi sicuramente raggiungerà l'illuminazione.
(Visualizza il tuo Lama radice fondersi nella luce e benedire il tuo flusso mentale)

(iii) Omaggio dell'autore

OM GURU BUDDHA BODHISATTVA BHAYANA NAMO NAMAH
Porgo omaggio al Lama che generosamente conferisce a tutti gli esseri il gioiello del Dharma che esaudisce ogni desiderio.
(Di solito questa sezione non si recita)

III. Invocazione completa del lignaggio Jonang-Shambhala

(i) Visualizzazione

Nello spazio immediatamente di fronte a te, al centro di un arcobaleno di luce di cinque colori e sopra un seggio costituito da cinque dischi – il primo di loto, poi di luna, sole, Rahu e Kalagni – visualizza il tuo Lama

radice nella forma di Vajradhara blu seduto su un trono.
Il tuo Lama radice appare come Vajradara, il suo corpo è di colore blu, con un volto e due braccia, tiene nelle mani un vajra e una campana incrociati all'altezza del cuore. È seduto nella postura del loto completo, indossa vesti di seta, adorno con ornamenti preziosi come una corona, orecchini, braccialetti, cavigliere e possiede tutti i segni maggiori e minori di un Buddha.
Lo circondano tutti i maestri del lignaggio dei Sei Vajra Yoga, incluso l'immacolato Buddha primordiale, il corpo di godimento Kalachakra, il corpo di emanazione Shakyamuni, i trentacinque re del Dharma di Shambhala, e tutti i maestri del lignaggio indiani e tibetani. I loro corpi appaiono radiosi, splendenti e di bellissimo aspetto.

(ii) Invocazione

Porgo omaggio e prego il mio Lama radice.
Prego il Lama radice e i Lama del lignaggio.
Prego il lignaggio che esaudisce i desideri.
Per favore beneditemi affinché possa ricevere la trasmissione del lignaggio.
Possano tutte queste benedizioni entrare nel mio cuore!
Per favore beneditemi affinché le oscurità del mio cuore siano eliminate!

Prego il Lama.
Prego il Signore del Dharma.
Possano tutti i padri spirituali e i loro discepoli del cuore benedirmi!
Prego il Tathagatagarbha, l'essenza della base primordiale.
Prego il profondo sentiero vajra di Kalachakra.
Prego la manifestazione del dharmakaya, corpo della realtà dell'illuminazione, risultato della cessazione del samsara.

Prego il sublime Buddha primordiale.
Prego Vajradhara, corpo di verità assoluta (dharmakaya).
Prego Kalachakra, corpo di godimento (sambhogakaya).
Prego Buddha Shakyamuni, corpo di emanazione (nirmanakaya).
Prego i trentacinque re del Dharma di Shambala.

Prego Drupchen Dushapa Chenpo.
Prego Drupchen Dushapa Nyipa.
Prego Gyaltse Nalendrapa.
Prego Panchen Dawa Gonpo.

Prego il grande traduttore Droton Lotsawa.
Prego Lama Lhaje Gompa.
Prego Lama Droton Namseg.

Prego Lama Drupchen Yumo.
Prego Seachok Dharmeshvara.
Prego Khipa Namkha Oser.
Prego Machig Tulku Jobum.

Prego Lama Drubtop Sechen.
Prego Choje Jamyang Sarma.
Prego Kunkyen Choku Öser.

Prego Kunpang Thukje Tsondru.
Prego Jangsem Gyalwa Yeshe.
Prego Khetsun Yonten Gyatso.

Prego Kunkyen Dolpopa, emanazione dei Buddha dei tre tempi.
Prego Chogyal Choklé Namgyal.
Prego Tsungmed Nyabon Kunga.

Prego Drupchen Kunga Lodrö.
Prego Jamyang Konchog Zangpo.
Prego Drenchog Namkha Tsenchan.
Prego Panchen Namkha Palzang.

Prego Lochen Ratnabhadra.
Prego Palden Kunga Drolchok.
Prego Kenchen Lungrig Gyatso.

Prego Kyabdak Drolway Gonpo.

TESORO NASCOSTO

Prego Ngonjang Rinchen Gyatso.
Prego Khidrup Lodrö Namgyal.
Prego Drupchen Ngawang Trinlé.

Prego Ngawang Tenzin Namgyal.
Prego Ngawang Khetsun Dargyé.
Prego Kunzang Trinlé Namgyal.
Prego Nuden Lhundrub Gyatso.

Prego Konchog Jigmé Namgyal.
Prego Ngawang Chöpel Gyatso.
Prego Ngawang Chökyi Pakpa.
Prego Ngawang Chöjor Gyatso.

Prego Ngawang Chözin Gyatso.
Prego Ngawang Tenpa Rabgyé.

Prego il dissipatore dell'oscurità, il prezioso Lama Lobsang Trinley.
Prego il guerriero del Dharma Kentrul Jamphal Lodrö.
Prego il mio principale Lama radice.

Prego il mio glorioso Lama.
Prego tutti i Signori del Dharma.

Possano tutti i padri spirituali e i loro amati figli benedirmi! Chiunque onora per tutta la vita con devozione il prezioso Lama, gli dedichi costantemente suppliche e gli porga omaggio. Possa io essere benedetto dalla saggezza primordiale del guerriero compassionevole.

In tutte le mie vite future possa non essere mai separato dal mio glorioso Lama. Possa rigioire nella mia pratica del prezioso Dharma. Possa realizzare tutti i sentieri che portano all'illuminazione e velocemente ottenere lo stato di Vajradhara!

(Sii certo che i Lama del santo lignaggio si dissolvono in luce e benedicono il tuo continuum mentale)

Parte Seconda: Preliminari interni

I. Rifugio e prostrazioni

(i) Visualizzazione

Per prendere rifugio, fondamento di tutta la pratica del Dharma, per prima cosa vai in un posto isolato e tranquillo e poni la mente nel suo stato naturale, rilassato e concentrato. Visualizza lo spazio di fronte a te come una terra pura o un regno illuminato, vasto e sconfinato.

Al centro di questo reame c'è un grande palazzo fatto di varie sostanze preziose e adorno con splendidi gioielli e ornamenti. Al centro del palazzo c'è un enorme albero che esaudisce i desideri le cui vaste fronde drappeggianti di meravigliose foglie, fiori e frutta si diramano nel palazzo. In cima a questo albero c'è un magnificente trono sorretto da leoni. Sopra questo trono c'è un loto multicolore con un disco di sole, luna, Rahu e Kalagni.

Il proprio Lama radice è seduto sul trono nella forma di Vajradhara blu; regge un vajra e una campana incrociati all'altezza del suo cuore. Il Bhudda primordiale siede sulla sommità del capo del Lama radice.

Sui rami dell'albero, tutt'intorno al vostro maestro Vajra, ci sono i trentacinque re del Dharma di Shambhala e gli yidam del Supremo Yoga Tantra, tra cui Kalachakra. Gli yidam delle quattro classi del tantra sono disposti attorno a loro. Buddha Shakyamuni siede sotto gli yidam. Alla sua destra, sui rami dell'albero, c'è l'Arya Sangha Mahayana degli otto bodhisattva, inclusi Maitreya, Manjushri e Avalokiteshvara. Alla sua sinistra c'è l'Arya Sangha Hinayana degli shravaka e dei pratyeka, come Shariputra. Alla base di questo albero c'è un oceano di dakini e di protettori del Dharma dotati dell'occhio di saggezza, che custodiscono i preziosi insegnamenti. Essi appaiono nell'azione di proteggerti. Dietro i rami, il santo Dharma appare sotto forma di preziosi testi dorati.

Sii certo che tutto ciò che visualizzi è realmente così. Nello stesso tempo, sii determinato nel prendere rifugio per il beneficio di tutti gli esseri senzienti con grande fervore e devozione verso il Lama, i Tre Gioielli e l'oceano dei protettori spirituali. Quindi prega con forte compassione e ferma intenzione di liberare tutti gli esseri, desiderando ardentemente che possano trovare protezione dalle sofferenze del samsara.

(Mantenendo stabile questa visualizzazione quanto più possibile, recita una volta la presa di rifugio lunga e poi ripeti tre volte o più la presa di rifugio breve mentre fai le prostrazioni complete. Le prostrazioni complete sono richieste solo se la presa di rifugio è la tua pratica principale)

<u>*(ii) Presa di rifugio lunga*</u>

Per il beneficio di tutti gli esseri senzienti nostre madri, infiniti come lo spazio, da ora fino al raggiungimento dell'essenza dell'illuminazione, prendo rifugio nella nobile radice e nei Signori del lignaggio del Dharma, i gloriosi puri Lama, che incarnano corpo, parola, mente, qualità e azioni dei Buddha dei tre tempi e delle dieci direzioni, e sono la fonte degli 84.000 Dharma e Signori del nobile Arya Sangha.

<u>*(iii) Presa di rifugio breve*</u>

Prendo rifugio nei Signori del Dharma, i gloriosi Lama.
Prendo rifugio nel mandala illuminato degli yidam.
Prendo rifugio nei Bhagavan, i perfetti Buddha.
Prendo rifugio nell'immacolato santo Dharma.
Prendo rifugio nel nobile Arya Sangha.
Prendo rifugio nelle dakini e nei protettori del Dharma che tutto vedono.

(Da recitare tre volte o più se ti stai focalizzando sulla pratica della presa di rifugio)

Rendo omaggio e prendo rifugio nel Lama e nei Tre Preziosi Gioielli. Vi prego, benedite il mio continuum mentale! (x3 volte)

(Se la presa di rifugio è la tua pratica principale, una volta che la reci-

tazione e le prostrazioni sono state completate, visualizza gli oggetti del rifugio come raggi di luce che si dissolvono nella tua mente come acqua versata nell'acqua. Sii determinato nel diventare inseparabile dal campo di Rifugio. Se la presa di rifugio non è la tua pratica principale, continua a mantenere la visualizzazione del rifugio e prosegui)

(iv) Dedica

Attraverso il potere di questa virtù, possa io completare l'accumulazione dei meriti e della saggezza e ottenere così i due corpi dell'illuminazione per il beneficio di tutti gli esseri.

II. Generare bodhicitta, la mente di illuminazione

(i) Visualizzazione

Mentre visualizzi il campo dei meriti davanti a te, genera la mente dell'illuminazione (bodhicitta) dal profondo del tuo cuore per liberare tutti gli esseri senzienti.

(ii) Bodhicitta dell'aspirazione

Con la motivazione di liberare tutti gli esseri senzienti, raggiungerò lo stato di un Buddha perfettamente illuminato.
Mediterò pertanto sul profondo sentiero del Vajrayoga.

(Da ripetere tre o più volte)

(iii) Bodhicitta dell'impegno

Avendo generato la mente di illuminazione, ora estendila a tutti gli esseri senzienti senza eccezione.

Possano tutti gli esseri senzienti avere la felicità e le cause della felicità.
Possano tutti gli esseri senzienti essere liberi dalla sofferenza e dalle cause della sofferenza.
Possano tutti gli esseri senzienti non essere mai separati dalla felicità suprema che è libera dalla sofferenza.

Possano tutti gli esseri senzienti dimorare nella grande equanimità, liberi dall'attaccamento e dall'avversione.

(Questa preghiera è ripetuta una, tre, o piú volte se ti stai concentrando sulla pratica della bodhicitta)

(iv) Prendere il voto del bodhisattva

Se volete rinnovare il voto del bodhisattva, recitate i seguenti versi tratti dal testo di Shantideva "La via del bodhisattva":

Come i sugata delle epoche passate
generarono bodhicitta e poi gradualmente,
si addestrarono nelle abili pratiche
del sentiero autentico dei bodhisattva,

come loro, prendo questo sacro voto
di generare bodhicitta qui ed ora,
e di addestrarmi per il bene altrui,
gradualmente, come dovrebbe fare un bodhisattva.

(Ripeti questi versi tre volte, e poi sviluppa la certezza di aver generato il voto del bodhisattva)

(v) Dedica

Dissolvi il campo dei meriti mentre mediti sul profondo significato dei versi della mente di illuminazione.
Alla fine della sessione dedica le virtù accumulate dalla tua pratica tramite una qualsiasi preghiera di dedica.

III. Purificazione di Vajrasattva

(i) Visualizzazione

Per iniziare recita:
OM SVABHAVA SHUDDHA SARVA DHARMA SVABHAVA SHUDDHO HAM

APPENDICE I - LA SCALA DIVINA

Tutti i fenomeni incluso te stesso si dissolvono nello stato naturale della vacuità.

Dallo stato naturale della vacuità, sopra la sommità del mio capo, appare la sillaba PAM (पं) che si trasforma in un fiore di loto bianco con otto petali. La sillaba AH (अः) appare sul fiore di loto e si trasforma in un disco di luna piena. Sopra il disco di luna appare la sillaba HUNG (हूं) che si trasforma in un vajra bianco a cinque punte con la sillaba HUNG (हूं) nel centro.

Da questa HUNG (हूं) si irradia in tutto l'universo una luce splendente che fa offerte illimitate a tutti gli esseri Arya. La luce poi si irradia verso tutti gli esseri senzienti purificando le loro negatività e oscuramenti. Successivamente la luce ritorna indietro e si dissolve nella sillaba HUNG (हूं) e il vajra bianco a cinque punte si dissolve completamente in luce.

La luce si trasforma istantaneamente in Vajrasattva che ha un corpo di colore bianco, un volto e due braccia e tiene un vajra nella sua mano destra e una campana nella sinistra. Egli abbraccia la sua consorte Vajratopa in unione (yab-yum).

Vajratopa è di colore bianco, tiene un coltello ricurvo nella sua mano destra e una coppa ricavata da un teschio nella sinistra. Sono entrambi adornati con ornamenti di ossa e gioielli e siedono rispettivamente con le gambe incrociate nella postura vajra e del loto.

Alla fronte di Vajrasattva yab-yum appare la sillaba OM (ॐ); alla gola la sillaba AH (अः); al cuore la sillaba HUNG (हूं) e all'ombelico la sillaba HO (होः). Dalla HUNG (हूं) all'altezza del cuore di Vajrasattva yab-yum, raggi luminosi si irradiano nelle dieci direzioni e il potere della purificazione di tutti i Buddha e bodhisattva torna indietro luminoso nella forma di nettare bianco.

DZA (ཛཿ) HUNG (ཧཱུྃ) VAM (ཝཾ) HO (ཧོཿ)

Il nettare ora diventa inseparabile da Vajrasattva yab-yum.

(ii) Richiesta di purificazione

Vajrasattva yab-yum, ti prego, purifica ed elimina ogni negatività, oscuramento e trasgressione accumulati da me e da tutti gli esseri senzienti da tempo senza inizio.

(iii) La purificazione effettiva

Visualizza il nettare di beatitudine che fluisce dall'unione di Vajrasattva yab-yum alla sommità del capo, espellendo le malattie e contaminazioni dal tuo corpo nel terreno sottostante. Nel momento in cui il nettare porta via tutte le negatività, tieni a mente i quattro poteri e recita il seguente mantra:

OM SHRI VAJRA HERUKA SAMAYA MANUPALAYA | VAJRA HERUKA TENOPA | TISHTHA DRIDHO ME BHAVA | SUTOKAYO ME BHAVA | ANURAKTO ME BHAVA | SUPOKAYO ME BHAVA | SARVA SIDDHI MAME PRAYATSA | SARVA KARMA SU TSA ME | TSITAM SHREYANG KURU HUNG | HA HA HA HA HO | BHAGAVAN VAJRA HERUKA MAME MUNTSA | HERUKA BHAVA MAHA SAMAYA SATTVA AH HUM PHET

(Questo mantra va recitato una, tre, sette o ventuno volte, oppure quante più volte possibile, se ti stai concentrando in particolare su questa pratica. Concludi con la preghiera che segue)

Grande Protettore, a causa dell'ignoranza e della confusione ho infranto i miei samaya e li ho lasciati degenerare. Compassionevole Lama Vajrasattva yab-yum, ti prego, purifica le mie negatività e proteggimi. In te io prendo rifugio, supremo detentore del Vajra, tesoro di compassione e salvatore di tutti gli esseri.

Confesso e mi pento di tutte le trasgressioni di corpo, parola e mente, inclusi tutti i voti radice e secondari infranti. Per favore, purifica ed elimina tutte le macchie, tutte le negatività, tutti gli oscuramenti e tutte le trasgressioni accumulati nel corso dell'esistenza ciclica senza inizio.

Come se la luna si stesse dissolvendo in me, Vajrasattva yab-yum mi guarda sorridente e inizia a dissolversi con gioia attraverso la sommità del mio capo. Il corpo, la parola e la mente di Vajrasattva yab-yum diventano inseparabili dal mio corpo, parola e mente.

(iv) Dedica

Attraverso questa virtù possa io raggiungere velocemente lo stato illuminato di Vajrasattva yab-yum e accompagnare tutti gli esseri, senza eccezione, a questo stato di purezza. Attraverso questa virtù possano tutti gli esseri completare le accumulazioni di meriti e saggezza primordiale ed ottenere i due corpi di illuminazione.

IV. Offerta del mandala

(i) Visualizzazione

Nello spazio immediatamente di fronte a te, visualizza il tuo Lama radice nella forma di Vajradhara blu. Egli è circondato dai Tre Gioielli, dagli yidam e dalle dakini. Appaiono naturali e magnifici.

(ii) Invocazione del campo dei meriti

Tu sei il Lama simile ad un gioiello, colui la cui gentilezza conduce al sorgere di una grande beatitudine in un solo istante. Mi inchino ai tuoi piedi di loto, Lama Vajradhara.

Rendo omaggio al Lama verso cui la mia gratitudine è incomparabile. La luce della tua verità illuminata dissipa la mia oscurità. Tu sei l'occhio immacolato della saggezza, il Lama di grande beatitudine immutabile simile al sole.

Tu sei madre e padre. Tu sei il maestro di tutti gli esseri, un vero e nobile amico. Tu sei il grande protettore che agisce per il bene di tutti gli esseri senzienti. Tu sei il grande salvatore che dissipa gli oscuramenti negativi.

Tu sei colui che dimora nell'eccellenza. Tu sei l'unico ricettacolo di tutte le supreme qualità, completamente libero da ogni errore. Tu sei il protettore degli umili, il supremo distruttore dell'egoismo e della sofferenza; la fonte di ogni ricchezza, il gioiello che esaudisce tutti i desideri, il supremo vittorioso Signore del Dharma; in te prendo rifugio.

Prendo rifugio in te, immacolato e santo Lama radice, supremo e vittorioso Signore del Dharma, incarnazione dei Buddha dei tre tempi.

(Questo verso è una versione breve dei tre precedenti e può essere recitato da solo)

(iii) Offerta del mandala di media lunghezza

OM VAJRA BHUMI AH HUNG.
Qui c'è la pura base d'oro.

OM VAJRA REKHE AH HUNG
L'universo è circondato da una cresta perimetrale di montagne e nel centro c'è il Monte Meru, il re delle montagne.

Ad est c'è Purvavideha, a sud Jambudvipa, a nord Uttarakuru e a ovest Aparagodaniya. Rahu, il sole, la luna e Kalagni e nel mezzo tutti i meravigliosi possedimenti degli umani e degli dèi, completi di tutto.

Tutte queste ricchezze io le offro, con grande devozione, al mio immacolato Lama radice e agli immacolati Lama del lignaggio, al mandala degli yidam, ai Buddha, ai bodhisattava, ai pratyeka, agli shravaka, alle dakini e ai protettori del Dharma che tutto vedono. Vi prego accettate per compassione questo mandala a beneficio di tutti gli esseri e, dopo aver accettato questa offerta, per favore, concedetemi le vostre benedizioni.

Tutte le virtù di corpo parola e mente accumulate da me e da tutti gli esseri nei tre tempi, con l'insieme delle eccellenti offerte di Samantabhadra presenti in questo prezioso mandala, sia reali che visualizzate, le offro al mio Lama e ai Tre Gioielli. Vi prego accettatele per compassione e beneditemi.

(iv) Offerta breve del mandala

Questa offerta del mandala è una forma alternativa più breve che può essere impiegata per l'accumulazione dei meriti.

Questo terreno è asperso con acqua profumata e cosparso di fiori. Il suo centro è ornato dal Monte Meru, circondato dai quattro continenti, dal sole e dalla luna. Immaginando questo terreno come un campo di Buddha, io ne faccio offerta affinché tutti gli esseri possano gioirne.

GURU IDAM RATNA MANDALA KAM NIRYA TAYAMI
(Recitando questi versi, offri il mandala)

Completata la recitazione dell'offerta del mandala, visualizza il mandala ed il campo dei meriti che si dissolvono in luce e poi si dissolvono nel tuo continuum mentale.

V. Guru Yoga fondamentale

(i) Visualizzazione

Visualizza te stesso in un meraviglioso e vasto palazzo al centro di un reame puro. Il tuo maestro Vajra appare davanti a te, nel mezzo del palazzo, come Buddha Vajradhara. Egli è seduto sopra un fiore di loto con dischi di sole, luna, Rahu e Kalagni, sorretti da un trono di leoni.

Il maestro Vajra ha un corpo di colore blu, con un volto e due braccia, tiene un vajra e una campana con le braccia incrociate all'altezza del cuore. Le sue gambe sono nella postura del loto completo. Adorno con paramenti di seta e gioielli, con tutti i marchi ed i segni di un Buddha, il suo corpo è raggiante e luminoso. Egli ti sorride compiaciuto di te.

Buddha Vajradhara è circondato dalle divinità delle quattro classi del tantra, dai lama di tutti i lignaggi e dall'intera assemblea di yidam, Bud-

TESORO NASCOSTO

dha, bodhisattva, shravaka, pratyeka, dakini e protettori del Dharma. Sviluppa la percezione che siano tutti realmente presenti dinnanzi a te.

Avendo visualizzato il campo dei meriti, fai vaste offerte, sia reali che visualizzate mentalmente. Nel momento in cui inizi la pratica dovresti avere una profonda fede di possedere la natura di Buddha e nel fatto che questa possa essere rivelata attraverso una sincera devozione per il tuo immacolato Lama radice.

(Sebbene i dischi di Rahu e Kalagni non compaiano nel testo originale, sono stati aggiunti qui per coerenza e riflettere l'essenza delle istruzioni tradizionali)

(ii) Preghiere ai maestri del lignaggio

Gentile e prezioso Lama radice, ogni cosa buona e virtuosa nel samsara e nel nirvana sorge dal tuo potere illuminato. Mio protettore, fonte della realizzazione di tutti i desideri, ti supplico dal profondo del mio cuore.

Prego il corpo di verità di grande beatitudine che tutto pervade, il Buddha primordiale Vajradhara che dimora in Akanishta. Prego Kalachakra, corpo di godimento. Prego Buddha Shakyamuni corpo di emanazione, il supremo tra i Shakya. Prego il mio Lama che incarna i quattro corpi del Buddha.

Prego i re del Dharma, i traduttori e i pandita: i trentacinque re di Shambala, emanazioni dei Vittoriosi, i due Kalachakrapada, il Vecchio e il Giovane e gli insuperabili eruditi, Nalendrapa e Somanatha.

Prego i tre lama che hanno ottenuto i siddhi supremi: il protettore di tutti gli esseri Konchoksung, il grande meditatore realizzato Droton Namseg e il grande mahasiddha Drupchen Yumo Chöky Rachen, grande diffusore del Dharma.

Prego le tre meravigliose fonti di rifugio: il nirmanakaya Seachok Dharmeshvara il figlio supremo, l'impeccabile studioso del Dharma Khipa Namkha Oser, il maestro di poteri magici e chiaroveggenza Semonchen.

APPENDICE I - LA SCALA DIVINA

Prego i tre supremi salvatori: il dissipatore dell'oscurità Jamsar Sherab, l'onnisciente Kunkhyen Chöku Öser e colui che ha realizzato la beatitudine immutabile, Kunpang Thukje Tsundu.

Prego i tre incomparabili lama: il conquistatore della grande saggezza Jangsem Gyalwa Yeshe, l'oceano di grandi qualità Khetsun Zangpo, l'onniscente Buddha dei tre tempi Dolpopa.

Prego le tre radici del Dharma vivente; il vittorioso su tutti Choklé Namgyal, la sorgente universale di gioia Nyabonpa, il tesoro di conoscenza e compassione Kunga Londrö.

Prego i tre meravigliosi lama: l'incarnazione dei Tre Gioielli Trinlé Zangpo, il protettore del Dharma assoluto che si diffonde in ogni luogo Nyeton Damcho, lo straordinario maestro dei sutra e dei tantra Namkha Palzangpo.

Prego i tre che hanno compiuto benefici insuperabili per gli altri: il grande traduttore Ratnabhadra, la sorgente di gioia per tutti gli esseri Lama Kunga Drolchok, il testimone del significato definitivo senza inizio Lungrig Gyaytso.

Prego i tre dall'ineguagliabile gentilezza: il grande liberatore Drolway Gonpo, il tesoro di tutte le qualità vaste come l'oceano Kunga Rinchen, l'incarnazione di tutti gli esseri illuminati Khidrup Namgyal.

Prego i tre detentori del tesoro dei sacri insegnamenti: il signore della parola Thugye Trinlé, il vittorioso Tenzin Chogyur, l'ornamento della pratica del Dharma Ngawang Chöjor.

Prego i tre lama che spontaneamente compiono attività illuminate: l'ornamento della condotta perfetta Trinlé Namgyal, il grande tesoro e siddha del Dharma Chökyi Peljor, il detentore delle perfette istruzioni essenziali Gyalwe Tsenchang.

Prego i tre lama che liberano gli esseri mediante il suono e la vista: la quintessenza dei Tre Gioielli Jigme Namgyal, l'incarnazione di tutti i salvatori Chöpel Gyatso, colui che ha realizzato il corpo di unione dell'illuminazione Chözin Gyatso.

Prego i tre ornamenti del santo Dharma: il divulgatore del Dharma d'oro Tenpa Rabgye, l'incomparabile saggezza nelle attività illuminate Lobsang Trinlé, colui che fa prosperare la saggezza di Manjushri nel continente, Jamphel Lodrö.

(iii) Preghiera in sette rami e supplica

Mi prostro a te con corpo, parola e mente, ultimo, infallibile ed eterno rifugio. Offro infinite nuvole di offerte, sia reali che visualizzate mentalmente. Confesso tutte le negatività e trasgressioni accumulate da tempo senza inizio. Gioisco di tutte le virtù del samsara e del nirvana. Prego affinché tu giri la ruota del Dharma incessantemente. Ti supplico di rimanere qui con noi senza entrare nel parinirvana. Attraverso la dedica di tutte queste virtù possiamo io e tutti gli esseri ottenere velocemente l'illuminazione suprema!

(Questa preghiera in sette rami fu composta da Vakindadharma)

Prego il mio prezioso glorioso Lama, Signore del Dharma e incarnazione di tutti i Buddha.
Prego il mio prezioso glorioso Lama, Signore del Dharma, che possiede i quattro corpi del Buddha.
Prego il mio prezioso glorioso Lama, Signore del Dharma, mio ineguagliabile rifugio ultimo.
Prego il mio prezioso glorioso Lama, Signore del Dharma, mio ineguagliabile salvatore ultimo.
Prego il mio prezioso glorioso Lama, Signore del Dharma, che insegna il sentiero supremo per la liberazione.
Prego il mio prezioso glorioso Lama, Signore del Dharma, la sorgente di tutti i sublimi ottenimenti.
Prego il mio prezioso glorioso Lama, Signore del Dharma, che dissipa l'oscurità dell'ignoranza.

APPENDICE I - LA SCALA DIVINA

Per favore, conferiscimi l'iniziazione!
Per favore, conferiscimi la forza di impegnarmi nella pratica con completa dedizione!

Possa ogni ostacolo essere eliminato cosicché possa dedicare la mia vita alla pratica!
Possa esperire l'essenza della pratica!
Possa la mia pratica raggiungere la perfezione assoluta!
Possa io naturalmente emanare amore, compassione e bodhicitta!
Possa unire perfetta concentrazione e visione profonda!
Possa conseguire vera esperienza e suprema realizzazione del Dharma!
Possa perfezionare la pratica del profondo sentiero del Vajrayoga!
Possa conseguire i siddhi del grande sigillo in questa stessa vita.

(iv) Ricevere le quattro iniziazioni

Dalla sillaba OM (ༀ) alla fronte del mio Lama radice, il grande Vajradhara, raggi di luce bianca si emanano e si dissolvono nel chakra della mia fronte, purificando le negatività e gli oscuramenti del corpo. Possa io ricevere l'iniziazione del vaso ed essere benedetto dal corpo illuminato!

Dalla sillaba AH (ཨཱཿ) alla gola del Lama, raggi di luce rossa si emanano e si dissolvono nel mio chakra della gola, purificando le negatività e gli oscuramenti della parola. Possa io ricevere l'iniziazione segreta ed essere benedetto dalla parola illuminata!

Dalla sillaba HUNG (ཧཱུྃ) al cuore del Lama, raggi di luce blu scura si emanano e si dissolvono nel mio chakra del cuore, purificando le negatività e gli oscuramenti della mente. Possa io ricevere l'iniziazione della saggezza ed essere benedetto dalla mente illuminata!

Dalla sillaba HO (ཧོཿ) al chakra dell'ombelico del Lama, raggi di luce gialla si irradiano e si dissolvono nel mio chakra dell'ombelico, purificando tutte le propensioni per la mente concettuale e l'attaccamento. Possa io ricevere la quarta sacra iniziazione; possa io ricevere le impronte dei quattro corpi del Buddha ed essere benedetto dall'indistruttibile saggezza primordiale!

(Dissolvi l'intera visualizzazione mentre reciti i seguenti versi:)

Il Lama si dissolve in luce e poi si dissolve in me. La mia stessa mente diventa inseparabile con la mente del dharmakaya del Lama. Possa io rimanere senza sforzo in questo stato non-concettuale e naturale della mente.

(Cerca di rimanere in questo stato non concettuale più a lungo possibile)

(v) Dedica

Possa io diventare proprio come voi, gloriosi Lama radice e Lama del lignaggio.
Possa io avere dei discepoli, una lunghezza di vita, una reputazione e una terra pura proprio come i vostri!
Attraverso il potere delle mie preghiere rivolte a voi, ovunque ci troviamo, possano ogni malattia, povertà e conflitto essere pacificati!
Possano il prezioso Dharma e qualsiasi cosa propizia aumentare in tutto l'universo!

PARTE TERZA: PRELIMINARI UNICI DI KALACHAKRA E PRATICA PRINCIPALE

I. Pratica di Kalachakra Innato

(i) Visualizzazione

Avendo precedentemente preso rifugio e coltivato bodhicitta, recita:
OM SHUNYATA JÑANA VAJRA SVABHAVA ATMAKO HAM

OM, la mia natura costituente è la coscienza Vajra della vacuità.

Dalla sfera della vacuità sorgo istantaneamente ed in modo spontaneo nell'aspetto di Kalachakra Innato. Mi manifesto su uno strato di cuscini formato da dischi di loto, luna, sole, Rahu e Kalagni(*), adagiato sulla cima del Monte Meru e dell'universo dei quattro elementi. Il mio corpo è di colore blu, con un volto, due braccia e tre occhi. Abbraccio la consorte Vishvamata e tengo un vajra ed una campana all'altezza del mio cuore.

(*) Benché Kalagni non appaia nel testo originale, lo abbiamo incluso in quanto attinente alla pratica, non essendovi una spiegazione né una ragione chiara per ometterlo dalla visualizzazione

La mia gamba sinistra bianca è lievemente piegata e schiaccia il cuore del dio bianco della creazione. La mia gamba destra rossa è distesa e schiaccia il cuore del dio rosso del desiderio. Il mio capo è adorno di una crocchia di capelli intrecciati, un gioiello che esaudisce i desideri e una mezzaluna.

Indosso ornamenti vajra e la parte inferiore del mio corpo è avvolta da una pelle di tigre. Le mie dita sono di cinque colori diversi così come le mie tre falangi. Alla sommità del mio capo è seduto Vajrasattva. Sono in piedi, circondato da un anello di fiamme ardenti di cinque colori diversi. Il mio volto esprime un misto di ira e passione.

Sono abbracciato a Vishvamata, il suo corpo è di colore giallo, con un volto, due braccia e tre occhi. Tiene un coltello ricurvo nella mano destra ed una calotta cranica nella sinistra. Con la sua gamba destra piegata e la sinistra protesa, siamo in unione. Lei è nuda e adorna dei cinque ornamenti di ossa. Metà dei suoi capelli sono raccolti in una crocchia, mentre i restanti sono sciolti.

Alla fronte di Kalachakra yab-yum appare la sillaba OM (ༀ); alla gola AH (ཨཿ); al cuore HUNG (ཧཱུྃ); all'ombelico HO (ཧོཿ); al luogo segreto SVA (སྭ) e alla sommità del capo HA (ཧ).

Raggi di luce si emanano dal mio cuore trasformando l'intero universo in un campo di Buddha e tutti gli esseri nelle innumerevoli divinità del mandala di Kalachakra.

(Puoi mantenere la mente concentrata su questa visualizzazione senza la minima distrazione per quanto tempo vuoi)

(ii) Ripetizione del mantra e dissoluzione

Avendo stabilizzato la visualizzazione di Kalachakra Innato, visualizza il simbolo del mantra di Kalachakra al tuo cuore sopra un loto, un disco di luna, di sole, di Rahu e di Kalagni. Poi recita il mantra mentre ne visualizzi il simbolo.

Il mantra si visualizza come una OM (ॐ) bianca, poi una HA (ह) blu, una KSHA (क्ष) verde, una MA (म) multicolore, una LA (ल) gialla, una VA (व) bianca, una RA (र) rossa ed una YA (य) nera. Sulla sommità si trova una mezzaluna bianca che sorregge un sole rosso da cui spunta un nadu (come una piccola fiamma) blu scuro.

OM HA KSHA MA LA VA RA YANG (SVAHA)
(Recita il mantra quante volte vuoi)

L'intera visualizzazione si dissolve in luce e poi si dissolve in me.

(iii) Dedica

Attraverso il potere di questa virtù possa ottenere rapidamente lo stato di Kalachakra e condurre tutti gli esseri allo stato illuminato di Kalachakra!

("La Scala Divina – Le pratiche preliminari e principali del profondo Vajrayoga di Kalachakra", composta da Drolway Gonpo (Taranatha) descrive la pratica dei grandi maestri del lignaggio tantrico Jonang e dei loro figli spirituali ed include, inoltre, l'essenza di tutte le istruzioni del lignaggio puro)

II. Aspirazione a realizzare i Sei Vajra Yoga

OM AH HUM HO HANG KYA

Per il potere della natura di Buddha possa io recidere le attività della mente concettuale. Possa sperimentare i dieci segni e la mente di chiara luce e realizzare il sentiero dello Yoga del Ritiro. Prego i miei salvatori, il mio Lama gentile e gli eredi del santo lignaggio. Beneditemi affinché possa realizzare tutto ciò!

Per il potere della natura di Buddha possano la mia parola, i venti interni e la coscienza diventare stabili. Possa la mia saggezza incrementarsi insieme alla gioia e alla beatitudine indotta dall'analisi e possa io realizzare il sentiero dello Yoga della Stabilizzazione. Prego i miei salvatori, il mio Lama gentile e gli eredi del santo lignaggio. Beneditemi affinché possa realizzare tutto ciò!

Per il potere della natura di Buddha, possano i dieci venti di lalana e rasana entrare in avadhuti. Possa io sperimentare il fuoco ardente del tummo, che scioglie e fa discendere l'essenza HANG (ཧཾ) dalla sommità del capo. Possa io così realizzare il sentiero dello Yoga della Forza Vitale. Prego i miei salvatori, il mio Lama gentile e gli eredi del santo lignaggio. Beneditemi affinché possa realizzare tutto ciò!

Per il potere della natura di Buddha possa l'essenza bianca essere ritenuta e stabilizzata alla mia fronte. Possa io sperimentare la beatitudine immutabile indotta dallo scioglimento delle essenze e realizzare il sentiero dello Yoga della Ritenzione. Prego i miei salvatori, il mio Lama gentile e gli eredi del santo lignaggio. Beneditemi affinché possa realizzare tutto ciò!

Per il potere della natura di Buddha possano tutti i miei chakra e canali riempirsi dell'essenza pura di grande beatitudine. Possa io conseguire la maestria delle tre gloriose consorti e realizzare il sentiero dello Yoga del Ricordo. Prego i miei salvatori, il mio Lama gentile e gli eredi del santo lignaggio. Beneditemi affinché possa realizzare tutto ciò!

Per il potere della natura di Buddha possano i sei chakra del corpo sottile riempirsi dell'essenza bianca di grande beatitudine immutabile. Possa io sperimentare l'inamovibile mente non duale e realizzare il sentiero dello Yoga dell'Assorbimento. Prego i miei salvatori, il mio Lama gentile e gli eredi del santo lignaggio. Beneditemi affinché possa realizzare tutto ciò!

Per il potere della natura di Buddha possa il mio corpo non essere mai separato dalle posture yogiche. Possa la mia mente non essere mai separata dalle profonde istruzioni essenziali del Dharma senza errore e possa io realizzare il sentiero dei Sei Vajra Yoga. Prego i miei salvatori, il mio Lama gentile e gli eredi del santo lignaggio. Beneditemi affinché possa realizzare tutto ciò!

III. Dedica

Attraverso questa virtù possano tutti gli esseri abbandonare le insignificanti preoccupazioni del samsara, possano meditare sul sentiero straordinariamente profondo del Vajrayoga e svelare rapidamente lo stato illuminato di Kalachakra!

Attraverso questa virtù possa io realizzare velocemente i Sei Vajra Yoga e condurre tutti gli esseri, senza eccezione, allo stato illuminato di Kalachakra!

Attraverso questa virtù possano tutti gli esseri completare l'accumulazione di meriti e di saggezza primordiale e conseguire così i due kaya del Buddha!

Parte Quarta: Due Guru Yoga aggiuntivi

I. Guru Yoga di Dolpopa: pioggia di benedizioni per i Sei Yoga del lignaggio Vajra

(i) Visualizzazione

Kunkyen Dolpopa appare davanti a te nell'aspetto di Vajradhara blu, circondato dall'intero campo dei meriti. Volge il suo sguardo colmo di grande amore verso di te.

NAMO SHRI KALACHAKRAYA
Prendo rifugio con vivida fede nel Lama, nell'yidam e nei Tre Gioielli.
(Ripeti la frase per tre volte)

Possa io generare incommensurabile amore, compassione, gioia ed equanimità verso tutti gli esseri!

Possa io praticare diligentemente il profondo sentiero del Guru Yoga per il bene di tutti gli esseri!

Possano tutte le apparenze impure avventizie dissolversi nella vacuità.

Seduto su un trono alla sommità del mio capo, su un seggio di cinque strati composto da un loto, un disco di luna e così via, il mio Lama radice appare come il grande Vajradhara. Il suo corpo è di colore blu, ha un volto e due braccia.

È seduto nella postura del loto completo. Indossa eleganti abiti di seta ed il suo corpo è adorno di preziosi gioielli ed ornamenti di ossa. Tiene un vajra ed una campana incrociati all'altezza del cuore.

I quattro centri del suo corpo sono marcati dalle quattro sillabe; raggi di luce si emanano dalla sillaba HUNG al suo cuore invocando il Lama radice e tutti i Lama del lignaggio insieme all'intero campo di Rifugio.

DZA (ཛཿ) **HUNG** (ཧཱུྃ) **VAM** (ཝཾ) **HO** (ཧོཿ)
Diventano inseparabili da loro.

(ii) La supplica al Lama

Prezioso Lama, porgo omaggio al tuo corpo, parola e mente. Il tuo corpo è adorno con gli immutabili e perfetti segni maggiori e minori. La tua parola ininterrotta di Brahma pervade le dieci direzioni. Dimori nella mente senza errore del grande sigillo.

Mi prostro a te che sei l'incarnazione dei trentasei Tathagata, che si manifestano quando i trentasei aggregati sono perfettamente purificati attraverso i Sei Vajra Yoga come il ritiro e così via.

Offro, con gioia e intenzione pura, un inimmaginabile oceano di offerte di Samantabhadra, incluse tutte le virtù di corpo, parola e mente accumulate nei tre tempi!

Confesso apertamente tutte le mie negatività accumulate attraverso corpo, parola e mente e prego affinché vengano purificate. Gioisco di tutte le virtù! Ti chiedo dal profondo del mio cuore di girare incessantemente la ruota del Dharma! Ti supplico di rimanere per sempre nel samsara per il bene di tutti gli esseri!

Prego il mio glorioso Lama. La tua natura è inseparabile dai quattro corpi del Buddha. Sei il Signore di tutti i detentori del Vajra, avendo completato le tre accumulazioni e realizzato i dodici sentieri. Ti prego, benedicimi!

Prego il mio glorioso Lama. Tu hai realizzato completamente le cinque saggezze e hai completamente trasformato gli otto oggetti della coscienza dualistica dimorando per un solo istante nella saggezza primordiale non duale. Ti prego, benedicimi!

Prego il mio glorioso Lama. La tua attività illuminata è tutt'uno con l'attività di tutti i Lama, che liberano e portano a maturazione i fortunati discepoli attraverso le dodici realizzazioni degli stadi di generazione e completamento favorite dai potenziamenti. Ti prego, benedicimi!

Tu sei tutti gli yidam, i tuoi aggregati sono le sei famiglie di Buddha, le tue coscienze sono gli otto bodhisattva, le tue braccia, gambe e così via sono l'assemblea delle divinità irate. Ti prego, benedicimi!

Prego il glorioso Lama. Tu sei tutti i Buddha, la tua natura è il magnifico corpo di verità; hai perfezionato le due accumulazioni e manifesti infinite emanazioni per il beneficio degli esseri. Ti prego, benedicimi!

Prego il glorioso Lama. Tu sei tutti i Dharma immacolati. Ti manifesti nell'aspetto degli insegnamenti e dei testi del significato definitivo, guidandoci verso la verità profonda inesprimibile. Ti prego, benedicimi!

Prego il glorioso Lama. Tu sei tutti gli Arya Sangha che dimorano nei dieci livelli del bodhisattva, avendo conseguito la completa liberazione e realizzazione; tu sei l'amico immacolato e virtuoso, rifugio per tutti gli esseri. Ti prego, benedicimi!

Prego il glorioso Lama. Tu sei tutti i protettori del Dharma che distruggono ogni nemico ed ostacolo attraverso il potere della compassione non duale. Ti prego, benedicimi!

Prego il glorioso Lama. Tu sei l'origine di tutti i siddhi, dispensatore delle realizzazioni supreme e comuni, avendo padroneggiato le attività di pacificare, incrementare, controllare e sottomettere. Ti prego, benedicimi!

Prego il glorioso Lama. Tu disperdi ogni oscurità e allontani le concezioni errate componendo, dibattendo, spiegando i sutra, i tantra, i commentari e le istruzioni essenziali. Ti prego, benedicimi!

Attingendo al nettare delle sue preziose istruzioni di Dharma sul profondo significato, da ora in poi, possa io seguire il Lama come un'ombra. Possa il mio glorioso Lama benedirmi affinché tutto questo possa essere realizzato!

Senza attaccamento al cibo, ai vestiti e al lusso, abbandonando i mezzi di sostentamento errati e impuri, possa io assaporare il nettare del Dharma con la punta della mia lingua. Possa il mio glorioso Lama benedirmi affinché tutto questo possa essere realizzato!

Da ora in poi possa io rimanere in un luogo isolato a meditare con concentrazione univoca sul significato profondo, così da poter conseguire il grande sigillo della liberazione in questa stessa vita. Possa il mio glorioso

Lama benedirmi affinché tutto questo possa essere realizzato!

Possa io vedere le quattro sillabe ai chakra del corpo del Lama come i quattro corpi del Buddha.

Possa io ricevere le quattro iniziazioni concentrandomi su queste sillabe. Possa il mio glorioso Lama benedirmi affinché tutto questo possa essere realizzato!

<u>(iii) Ricevere le quattro iniziazioni</u>

Dalla OM (ༀ) alla fronte del mio Lama si emana una OM (ༀ) bianca che si dissolve nel mio chakra della fronte. Attraverso questo potenziamento possa io ricevere l'iniziazione del vaso. Possa il mio glorioso Lama benedirmi affinché tutto questo possa essere realizzato!

Attraverso questo potenziamento possa io purificare gli oscuramenti del corpo e dello stato di veglia. Possa esperire le quattro gioie e svelare il corpo di emanazione Vajra. Possa il mio glorioso Lama benedirmi affinché tutto questo possa essere realizzato!

Dalla AH (ཨཱཿ) alla gola del mio Lama si emana una AH (ཨཱཿ) rossa che si dissolve nel mio chakra della gola. Attraverso questo potenziamento possa io ricevere l'iniziazione segreta. Possa il mio glorioso Lama benedirmi affinché tutto questo possa essere realizzato!

Attraverso questo potenziamento possa io purificare gli oscuramenti della parola e dello stato di sogno. Possa esperire le quattro gioie eccellenti e ottenere il corpo di godimento della parola Vajra. Possa il mio glorioso Lama benedirmi affinché tutto questo possa essere realizzato!

Dalla HUNG (ཧཱུྃ) al cuore del mio Lama si emana una HUNG (ཧཱུྃ) nera che si dissolve nel chakra del mio cuore. Attraverso questo potenziamento possa io ricevere l'iniziazione della saggezza primordiale. Possa il mio glorioso Lama benedirmi affinché tutto questo possa essere realizzato!

Attraverso questo potenziamento possa io purificare gli oscuramenti della mente e dello stato di sonno profondo. Possa esperire le quattro gioie supreme e realizzare il corpo del dharmakaya e la mente Vajra. Possa il mio glorioso Lama benedirmi affinché tutto questo possa essere realizzato!

Dalla HO (ཧོ༔) all'ombelico del mio Lama si emana una HO (ཧོ༔) gialla che si dissolve nel mio chakra dell'ombelico. Attraverso questo potenziamento possa io ricevere la quarta sacra iniziazione. Possa il mio glorioso Lama benedirmi affinché tutto questo possa essere realizzato!

Attraverso questo potenziamento possa io purificare le propensioni dell'attaccamento, esperire le quattro gioie innate e svelare la saggezza primordiale Vajra della vacuità di beatitudine. Possa il mio glorioso Lama benedirmi affinché tutto questo possa essere realizzato!

Il Lama alla sommità del mio capo si dissolve in luce e poi si dissolve in me. Dimora al centro di un loto di otto petali all'altezza del mio cuore. Possa il mio glorioso Lama benedirmi affinché tutto questo possa essere realizzato!

(Medita sullo stato naturale dell'inseparabilità della tua mente da quella del Lama, il corpo di verità del dharmakaya, e rimani il più a lungo possibile nello stato non concettuale del Dharmadhatu)

(iv) Dedica

Attraverso questa pratica possano tutti gli esseri purificare tutte le loro impurità ed i loro ostacoli e raggiungere velocemente l'essenza del Tathagata.

Possa io non far sorgere, nemmeno per un istante, idee errate sulle manifestazioni del glorioso Lama che portano alla liberazione. Avendo una devozione che vede tutte le azioni del Lama come eccellenti, possano le benedizioni del Lama entrare nella mia mente.

Nelle mie vite future possa io non essere mai separato dal mio glorioso Lama. Possa non essere mai separato dalla gioia di praticare il prezioso Dharma. Possa realizzare tutti i livelli (bhumi) e i sentieri illuminati e conseguire velocemente lo stato di Vajradhara.

Il *"Guru Yoga – Pioggia di benedizioni per i Sei Yoga del lignaggio Vajra"* è stato composto dal Signore del Dharma Kunkyen Dolpopa Sherab Gyaltsen. Possa esso condurre alla virtù ed essere di buon auspicio!

II. Il Guru Yoga di Taranatha: l'ancora per accumulare siddhi

(i) Visualizzazione

Jetsun Taranatha appare di fronte a te nell'aspetto di Vajradhara blu, circondato dall'intero campo dei meriti. Volge il suo sguardo colmo di grande amore verso di te.

OM SVASTI Guru Yoga: l'ancora per accumulare siddhi.

Rendo omaggio con fervore al glorioso Lama. Tutti i fenomeni sono solo illusioni della mente. La natura della mente è vuota e chiara, al di là di ogni imputazione. Qualsiasi fenomeno che appare non è mai separabile dalla sempre presente coscienza di sé.

La mia mente nel suo stato naturale è la terra pura di Akanishta. Al centro di questa terra pura c'è un palazzo splendente, dove il mio glorioso Lama radice siede su un loto, un disco di sole e un disco di luna che poggiano su un trono sorretto da leoni.

(Per coerenza si possono visualizzare anche i dischi di Rahu e Kalagni)

Il mio glorioso Lama è splendente come una montagna dorata che riflette centomila raggi solari. Compiaciuto, mi sorride.

Nello spazio al di sopra del mio Lama appaiono, in maniera miracolosa, i maestri del lignaggio, circondati da heruka come Vajravarahi e da nuvole di yidam. Nello spazio davanti a me appaiono i Buddha e i bodhisattva delle dieci direzioni e nella parte sottostante vi sono le emanazioni dei gloriosi arhat. Essi sono circondati da dakini e dai protettori del Dharma che tutto vedono, assieme al loro seguito, pronti ad obbedire a qualsiasi istruzione del Lama.

L'intera assemblea, in vibrante movimento come fulmini e nuvole di tempesta, riempie tutto lo spazio e le terre circostanti. Tutti questi esseri

APPENDICE I - LA SCALA DIVINA

hanno corpi radiosi e il loro aspetto si manifesta in accordo con le inclinazioni dei diversi esseri senzienti che hanno bisogno di essere domati. Essi diffondono incessantemente gli insegnamenti del Mahayana e le loro menti dimorano nella chiara luce della grande beatitudine mentre compiono un oceano di attività virtuose.

Tutto ciò non è nient'altro che una manifestazione profonda del glorioso Lama, proprio come tutte le apparenze del samsara e del nirvana sono la manifestazione miracolosa della saggezza primordiale del Lama.

(ii) La supplica al Lama

Offro il mio corpo, i miei possedimenti, tutte le virtù dei tre tempi e qualsiasi immaginabile oggetto di offerta proveniente dalle terre pure delle dieci direzioni. Offro con aspirazione pura ogni cosa che la mia mente può concepire: tutti gli esseri dei sei regni inclusi i nemici, gli amici e i parenti, fino a comprendere gli esseri degli angoli più reconditi dello spazio, insieme ad ogni oggetto d'offerta piacevole dei tre regni. Attraverso il potere della mia visualizzazione e della mia preghiera, manifesto tutti questi magnifici e infiniti oggetti di offerta.

Tutti questi tesori di offerta si manifestano dalla coscienza primordiale dei Buddha, dei bodhisattva e delle dakini che appaiono nei tre tempi e nelle dieci direzioni. Tutte queste innumerevoli e inconcepibili manifestazioni non sono altro che la gloriosa manifestazione della mente del Lama, inseparabile dalla mia mente, la manifestazione senza inizio del dharmakaya.

Prezioso Lama, tu sei tutti i Buddha.
Prezioso Lama, tu sei il Dharma.
Prezioso Lama, tu sei il Sangha.
Supremo re del Dharma, tu sei tutti i Lama.

Tu sei tutti gli yidam, mentre tutte le dakini e i protettori del Dharma sono il tuo seguito. Ti prego Vajradhara, benedici me e tutti coloro che hanno fede in te!

Glorioso Lama tu sei Vajradhara, nella terra pura del corpo di godimento.
Tu sei l'heruka irato quando sottometti tutti i demoni.
Tu sei Shakyamuni per gli esseri dotati di rinuncia pura.
Tu sei il grande saggio per gli asceti.

A coloro i quali seguono il sentiero dei tre veicoli, ti manifesti come bodhisattva, pratyeka e grande shravaka. Ti manifesti anche nell'aspetto di Brahma, Vishnu, Shiva e di tutti gli altri saggi e santi.

Alcune volte ti manifesti come un re, altre volte come uno yogi o un asceta. Ad altri appari come un monaco puro vestito semplicemente. Prego te, che compi straordinarie e vaste attività in accordo ai bisogni di ogni essere. Proprio come i pensieri e le aspirazioni di tutti gli esseri sono inconcepibili, così lo è la vastità e la profondità dei tuoi insegnamenti.

Come l'arcobaleno e le nuvole nel cielo sorgono, permangono e poi scompaiono, così tu sei il corpo dharmakaya dello stato d'illuminazione, libero da ogni estremo, e compi spontaneamente e senza sforzo straordinarie attività. Anche se agisci in modo da soddisfare i bisogni di tutti gli esseri, tu dimori nello stato chiaro, autoconsapevole e non duale della vastità del dharmadatu.

Tu trascendi la nascita e la morte, l'andare e il venire, il vicino e il lontano. Rivolgo le mie preghiere a te, corpo di purezza dello stato di illuminazione. Ti porgo omaggio dal profondo del mio cuore con incessante devozione!

Prendo rifugio in te, incarnazione di tutte le fonti di rifugio. Ti offro infiniti oggetti virtuosi essendo consapevole, allo stesso tempo, della loro natura vuota. Confesso e purifico tutte le mie negatività, benché la loro natura sia vuota sin dall'inizio. Rigioisco per le virtù di tutti gli esseri nel samsara e nel nirvana. Possa il suono vuoto dei tuoi insegnamenti non cessare mai.

Il corpo del dharmakaya dello stato di illuminazione trascende nascita e morte. Possa tu girare incessantemente la ruota del prezioso Dharma-

Possa tu rimanere per sempre per il beneficio di tutti gli esseri.

Dedico tutte le mie virtù affinché la mia mente possa diventare inseparabile dalla tua, oh santo Lama. Possano tutti gli esseri conseguire l'illuminazione suprema!

Glorioso Drolway Gonpo, salvatore di tutti gli esseri, ti prego benedicimi con il tuo corpo, parola e mente. Concedimi le quattro iniziazioni in questo preciso istante!

(iii) Ricevere le quattro iniziazioni

Possa il mio corpo trasformarsi nella beatitudine innata.
Possa la mia parola trasformarsi con il potere del mantra.
Possa il mio cuore trasformarsi nella saggezza di chiara luce!
Lama perfetto, ti prego, benedicimi in questo istante.

Raggi di luce si irradiano dalla fronte, dalla gola, dal cuore e dall'ombelico del Lama e si dissolvono nei miei quattro chakra corrispondenti conferendomi le quattro iniziazioni di corpo Vajra, parola Vajra, mente Vajra e saggezza primordiale Vajra!

Possa io ricevere l'iniziazione del vaso.
Possa io ricevere l'iniziazione segreta.
Possa io ricevere l'iniziazione dell'unione della grande beatitudine e della saggezza.
Possa io ricevere la quarta sacra iniziazione del grande sigillo al di là di ogni concetto!
Grande re del Dharma, non mi affido a nessun altro che a te.
Tu sei il mio unico vero rifugio.
Come acqua versata nell'acqua,
possa io dissolvermi in unione inseparabile con te!

Possa il Lama dissolversi nell'essenza del nettare e riempire i miei quattro chakra conferendomi le iniziazioni.

(Medita sul Lama naturale, lo straordinario corpo dharmakaya dello stato

dell'illuminazione inseparabile dalla tua mente, e rimani in questo stato naturale al di là di ogni concetto)

(iv) Dedica

In tutte le mie future vite possa io rinascere in una nobile famiglia, con una mente pura, priva di orgoglio, con grande compassione e fede nel Lama. Possa io mantenere i miei impegni assunti nei confronti del glorioso Lama.

Possa io non far sorgere, nemmeno per un istante, idee errate sulle manifestazioni del glorioso Lama che portano alla liberazione. Avendo una devozione che vede tutte le azioni del Lama come eccellenti, possano le benedizioni del Lama entrare nella mia mente.

Nelle mie vite future possa io non essere mai separato dal mio glorioso Lama. Possa non essere mai separato dalla gioia di praticare il prezioso Dharma. Possa realizzare tutti i livelli (bhumi) e i sentieri illuminati e conseguire velocemente lo stato di Vajradhara.

Questo è il Guru Yoga perfetto, capace di consentirti di raggiungere la Bhuddità in questa vita. Non avere dubbi a riguardo. Composto da Jetsun Taranatha all'età di ventinove anni.

www.ingramcontent.com/pod-product-compliance
Lightning Source LLC
Chambersburg PA
CBHW071234070526
44583CB00017B/2178